从社群 走向更好的社交

From Community
to Better Social Engagement

小群大势

Small Community, Great Impact

魏 琪 / 著

電子工業出版社
Publishing House of Electronics Industry
北京 • BEIJING

图书在版编目（CIP）数据

小群大势 ：从社群走向更好的社交 / 魏琪著 . 北京：电子工业出版社，2025. 3. -- ISBN 978-7-121-48691-3

Ⅰ . F713.365.2-49

中国国家版本馆 CIP 数据核字第 2024NS5683 号

责任编辑：张振宇　李　影
印　　刷：北京利丰雅高长城印刷有限公司
装　　订：北京利丰雅高长城印刷有限公司
出版发行：电子工业出版社
　　　　　北京市海淀区万寿路 173 信箱　　　邮编：100036
开　　本：880×1230　1/32　　印张：9.25　　　字数：182 千字
版　　次：2025 年 3 月第 1 版
印　　次：2025 年 3 月第 1 次印刷
定　　价：68.00 元

凡所购买电子工业出版社图书有缺损问题，请向购买书店调换。若书店售缺，请与本社发行部联系，联系及邮购电话：（010）88254888，88258888。

质量投诉请发邮件至 zlts@phei.com.cn，盗版侵权举报请发邮件至 dbqq@phei.com.cn。

本书咨询联系方式:（010）88254210，influence@phei.com.cn，微信号：yingxianglibook。

此书献给每一位在人群中默默付出的普通人，

我相信每一个人都值得被看见被理解被照耀。

“社群沟通”的本质，是群主在社群中通过交流，建立集体共识，共创故事，并传递故事中独一无二的视角，最终形成社群独有特色与氛围。

个人品牌的成长是做高一个人的实力估值；个人社群的成长是做强一个人的关系链接；个人产品的营销是放大一个人的谋生武器。

建设好小群的目的，是更好地服务与链接超级客户。

社群交流的过程，是一个人的闲暇时间被其他社群成员的信息“随机填满”的过程。在这个过程中，谁出现的频率高，谁获得的关注度就高，被喜欢的可能性就大。

从微光到洪流
社群改写了我的10年青春

亲爱的读者朋友您好，我是本书的作者魏琪，一个创业近10年的96年女孩，没有背景、没有资源、没有长期浸泡高等学府的经历，全凭自己的一腔热血与勤奋，敢想敢干，走出了一条普通人也能快速成长的道路。这条道路就是人人都可以通过玩转社群，经营好自己的人生基本盘。

“独木不成林，单弦难成曲。”社群，一个个看似微小的存在，实则蕴藏着推动社会进步与个人成长的巨大能量。正是社群成员间的相互支持与合作，让个体的力量得以汇聚，最终成就一番大事业。

我把对社群的理解应用在工作与生活的方方面面，实现了不同阶段的创业过程中的一次又一次的原始积累，如积累客户、资源、人脉、信息、财富，最后实现破圈。

一、我的社群实践之路

回顾我近10年的创业历程，社群始终是我最为倚重的武器之一。从最初在珠海成为美食博主，运营的吃货社群成为一座城市的生活指南，到后来在深圳依托自媒体流量组织协助商业博主开办课程，以及近4年在北京扎根，蓬勃发展自己的教育培训事业，我深刻体会到了社群的力量和价值。

在这个过程中，我创办了许多不同的主题社群，通过精心策划和组织各类活动，吸引了大量志同道合的朋友加入其中。在这个过程中，不仅结识了许多优秀的合作伙伴和投资人，还积累了丰富的社群运营经验。

在运营社群的过程中，我始终坚持“以人为本”的理念。因为一个成功的社群不仅仅是一群人的简单集合，更是一个充满活力和创造力的生态系统。我注重培养社群成员的归属感和参与感，鼓励他们积极分享自己的想法和资源。同时，我也非常注重社群的规范和引导，确保社群的健康发展。正是这些努力和洞察，让每一个我经手运营的社群都拥有生命力。

二、小群的魅力与大势的形成

在我看来，小群的魅力在于其高度的凝聚力和针对性。这些“小群”可能是基于共同的兴趣爱好、行业背景、地域文化等因素而形成的微信群、QQ 群、线下活动团体等。虽然群不大，但群成员之间联系紧密，互动频繁，往往能够产生超出预期的影响力和价值。

在一个小群中，成员之间更容易建立深厚的信任和默契，从而形成强大的内部动力。同时，由于小群成员之间具有相似的背景和需求，因此更容易实现精准的信息传递和资源对接。正是这种高度的凝聚力和针对性，使得小群能够在短时间内迅速形成大势，推动相关领域的快速发展和变革。

三、小群如何汇聚成大势

在《小群大势》这本书中，我将结合自己多年的社群运营经验，详细阐述小群汇聚成大势的具体方法和策略。首先，我会介绍如何精准定位社群的目标和受众群体，确保社群的针对性和有效性；其次，我会分享如何通过高质量的内容和活动吸引与留住社群成员，提升社群的凝聚力和活跃度；最后，我还会探讨利用社群的力量推动个人成长和事业发展的路径与策略。

我相信，通过这些方法和策略，读者朋友能够更好地理解社群的力量和价值，学会运用社群的力量推动自己的事业和生活。同时，我也希望这本书能够激发更多人对社群的关注和思考，共同探索社群未来的无限可能。

四、致读者朋友

《小群大势》这本书我用了 3 年的时间撰写，朋友总说我写得太久了，市场早已发生了改变。但我总是在反复推敲内容，希望书中的内容易读、易懂、实用、对读者有启发，更希望有更多人知道：使用好社群可以让每一个普通人获得改变圈层和命运的机会。

身边有朋友不理解社群，听到“私域”“公域”“流量”“增长”等一系列的关联词汇总会担心实践起来很难、很复杂和烦琐，但他们内心其实十分想尝试。

所以这本书的内容，我用轻松的表达方式结合大量的实践案例展开。这些案例有的来自我的亲身经历，有的来自我身边的朋友和客户。它们生动地展示了“小群大势”的可能，让人相信即使最微小的社群也能爆发出惊人的能量。期待《小群大势》的读者朋友们可以不畏惧、不偷懒，抓紧实践书中提到的方法。

在撰写这本书的过程中，我深知自己还有很多不足之处，需要改进和学习。因此，我希望这本书能够成为一座桥梁，拉近我和读者朋友们的距离。真诚地希望每一位读者都能够从这本书中获得启发和帮助，找到自己前进的方向和动力。

同时，我也希望读者朋友们能够给我宝贵的反馈和建议。你们的反馈是我不断探索和分享社群能量的动力。就如本书的核心思想一样：“社群虽小，却能汇聚成推动世界前进的大势。”

推荐序1
她是小社群大能量的实践者

十二年教育集团董事局主席　于斌

在这个瞬息万变的世界里，我们常常被浩瀚的信息海洋所淹没，却往往忽视了那些看似微小却拥有无限潜能的社群力量。正是这些不起眼的“小群”，汇聚成了推动时代巨轮的“大势”。《小群大势》这本书，如同一盏明灯，照亮了社群运营的深层智慧，而魏琪，这位年轻而充满活力的社群引领者，则是那掌灯人，引领我们探索未知。

初见魏琪，她显得十分青涩，一个普通的95后女孩，没有显赫的背景，也没有惊世骇俗的才华。然而，正是这份普通，让她拥有了更加坚韧不拔的毅力和贴近人心的力量。我们认识时，她刚满 23 岁，从深圳来到北京，开启创业历程。那会儿我嘴上不说，心里却为这个女孩的决定捏了一把汗。

4 年过去了，这个女孩从相识第一天的青涩，到如今我成为她的投资人，我见证了她一步步成长。从经营企业团队到登上福布斯和胡润百富的 U30 榜单，她不断精进求学读博，她的勤奋与努力带给她的是肉眼可见的飞速成长。每一次与她相处共事，都会颠覆了我对二十多岁女孩创业的思考，不禁感叹未来真的属于年轻人，但更属于有志者、有心者、有胆识者。

与魏琪共事的岁月里，我能深刻感受到她身上那股不可小觑的力量。在她温文尔雅的外表下隐藏的坚韧与智慧是远超年龄的成熟，更难得的是，她懂得如何将这些为人品质融入社群的每一个细微之处，让每一个“小群”都焕发出勃勃生机。她像是一位魔术师，用爱与尊重编织着社群的网络，让每一个成员都能在其中找到归属感与价值感。

她创办了我们的企业家俱乐部，每一位会员的入会，大大小小的活动策划，课程研发与资源链接，她都能带着团队有条不紊地进行。现在全国各地已经有超过百位企业家成为我们的会员，每一位企业家会员也是细分领域赛道中的佼佼者。

这个俱乐部社群因魏琪的存在，多了更多乐趣与新知。她不仅在线上社群网络中时刻关注社群动向，在现实生活中，她也时常带给我和亲朋好友惊喜，如我的太太经常会在我出差时来电话说：“你赶紧给魏琪妹妹发个信息，她又给咱们家拿了这个，送了那个。她太用心了！”我隔着电话听着太太如是说道，身边好友聊起魏琪，评价也是如此，她做人做事都十分用心。

魏琪的存在，仿佛编织着一个巨大的、温暖的、友爱的人际关系社群网络，她像是一个超级发光体，点燃了许多微光个体，连成网状的社群光芒，无形之中照亮了许多在困境中迷茫的人。

所以《小群大势》在我看来并非仅仅是一本关于技巧与策略的书籍。它更像是一本人与人产生链接的启示录，魏琪以她独特的视角和思考，揭示了社群运营背后的深层逻辑与人性光辉。她在书里分享到：真正的社群力量，源于一次次对头像背后的用户的洞察与理解。

在魏琪的世界里，没有所谓的“小事”。她总能从那些看似微不足道的细节中，发现改变社群生态的关键所在。她告诉我们，社群的力量，不在于规模的大小，而在于人心的凝聚。每一个微笑、每一句问候、每一次帮助，都是构建强大社群不可或缺的基石。

令我感到欣慰的是，作为创业者，她无论取得任何成绩，始终保持着一颗谦逊与感恩的心。她常说“感恩的过程，就是感受自己被爱的过程”。她深知，没有团队的支持与帮助，没有贵人的相助，就没有她的今天。因此，她总是将这份感恩之情传递给每一个人，让社群成为一个充满爱与温暖的大家庭。

《小群大势》这本书，不仅是魏琪个人智慧的结晶，更是她对社群运营深刻理解的集中体现。它像一股清泉，洗涤着我们的心灵，让我们重新审视社群的力量与价值。

我诚挚地向每一位读者推荐这本书。它不仅仅是一本关于社群运营的实战指南，更是一本引领我们共同探索社群的无限可能，一起创造属于我们的“小群大势”的社交之书！

推荐序2
她用社群实现了“超龄”的进化成长

恒洋瓦教育创始人　恒洋

我曾与魏琪一同前往朋友家做客。在那个看似平凡的日子里，魏琪以她的多维个性给人们留下了深刻的印象。

一踏进朋友的新居，她敏锐地察觉到朋友搬新家所需用品还不全。二话没说，她默默地拿出手机，在外卖平台上挑选各种日常用品：从纸巾、洗衣粉、洗手液，到食品储存袋、烟雾报警器，甚至一小盒急救用品。她不仅考虑到家庭的基础需求，还关注到家庭生活中可能遇到的突发情况。

这些日常用品陆续地被送到朋友家，朋友露出了几近落泪的表情。在场所有正在聚会的人，在此刻清楚地看到了魏琪多维个性的另一层：那种来自更深、更广阔的细腻与周到。她用行动证明了成熟不仅表现在工作中宏大的理念和决断上，更体现在那些看似微不足道但实则触动人心的细节之中。我比她年长16岁，但在她的身上看到无法用年龄衡量的成熟与智慧，以及拥有一颗富有同情与关怀的年轻的心。

那个晚上，魏琪为一个普通的家庭聚会带来了非同寻常的温暖和深刻。

有次和魏琪一同吃麦当劳的经历也给我留下了深刻的记忆。在那样一个日常到不能再日常的场合中，她再一次展示了自己多维个性中的一面。

餐后，她不仅把桌上的垃圾一一收进了垃圾桶，更是细心地将未用完的餐巾纸和一次性包装的蘸料拿回了柜台。那一刻，我彻底被她的行为打动了。在大多数人眼里，这些小物件或许就是用过即丢的消耗品，但在她看来，即使再微小的物品也有其价值，也应当被尊重。

这个看似微不足道的举动真实反映出她对世界的敬畏，也正是这种敬畏，使她在生活的每一个细节中都显得尤为出色。她用行动传递出来了一种人生观：无论在高贵的宴会厅还是在平凡的快餐店，人的高尚不是由环境决定的，而是从自己的选择和行为中体现的。

这就是魏琪，一个在生活的每一个方面都能不经意间展现出极美好的人格品质的人，她在很多方面都会给人一种深刻的启示，使人不得不重新审视自己在生活中的点点滴滴。

借此文章，我想说一下魏琪在我眼里和其他人的区别。在人类心灵的广袤森林里，我对个体的多维性进行了深入观察，并将其归纳为三大类：在龄、废龄与超龄。

所谓“在龄”，是年华与心智赋值的平衡交点，是常人穿行于生活长河中的最普遍状态。它象征着那些与岁月相应、不出其类，而又无过其意的普通人。

“废龄”则是成熟度与年纪不成比例的一种状态，如同一株永远长不大的幼苗，停留在婴儿般哭泣和依赖中。这类人似乎被命运遗忘，并困锁在一个永恒的心灵幼稚园里，无法与时俱进。

“超龄”如同古人所说的“禀赋天资”，成熟度远远超过年龄所应达到的水平。这类人仿佛拥有一幅超出常人的心灵地图，能以不同寻常的速度和深度走出生活的迷宫。他们如同璀璨的流星，在普通人眼中显得高傲而遥不可及，但实则是他们的内心深处藏有无尽的智慧。

在这种分类体系中，人们的不同特质被赋予了更为丰富和深刻的内涵，仿佛在简单的标签背后隐藏着一个宇宙，等待着被更深入地探索和理解。

在讲述完魏琪的故事和她生活中的个性后，我们不禁要问：她代表着什么？是不是只有魏琪这样的“超龄”人才值得被赞美和研究？答案当然是否定的。魏琪作为一个个体，她是独一无二的，但她所代表的则是人性中更为普遍的一面：成熟、智慧和仁慈可以在日常生活的每一个细节中都得到体现。

这种成熟并不是以年龄来衡量的，而是一种内在的品质，是一种对世界、对他人、对自己都持有的敬畏和尊重。当这种敬畏和尊重由心而生时，你就会发现，无论你身处何方，都能成为一个更好的自己。这个自己也会和这个世界融洽相处，正如这本书名一样。

这也是为什么我特别强调魏琪在日常生活中的细微表现。因为真正的伟大不仅体现在震撼人心的壮举和高尚的理念中，更体现在那些被忽视的，甚至被认为是微不足道的日常之中。这些看似不起眼的小事，实则是构成我们人生与人格的基石。

魏琪及像她一样的“超龄”个体提醒我们：无论在哪个年龄阶段，都有成为更好的自己的可能。真正的成熟和智慧不仅仅是年长者的专利，也可以是年轻人，甚至是孩子追求和实现的目标。

魏琪展示出来的特质让我对人的潜能的探索有了更多期待和肯定。她像一束微光指引着我们前行的方向，并告诉我们：无论你现在处于人生中的哪个阶段、哪个角落，都有可能成为更好的自己，都有可能为这个世界带来一份温暖和希望。

在撰写这篇推荐序时，我意识到没有提及魏琪在事业上的成就。这不是因为她缺乏这方面的表现，恰恰相反，她在事业上有着令人瞩目的成绩。甚至在与她共事时，她的专业、魄力、胆量、想象力、执行力都让我时常忘记她的性别和年龄。我之所以选择从她生活中的细微之处来描述她，是因为这些点滴更能反映她内在丰富、多维度的人格特质。

这本书不仅仅展示了她杰出的成绩是如何一步步实现的，激励许多内心有梦的人群，还给出了可落地的方法论。我相信，在你翻开这本书的那一刻，你将会被魏琪多维的个性、对世界细腻的观察和对生活深刻的洞见所深深吸引。

当你翻开这本书的时候，我们便会开启探究之旅，这也是一次激励我们所有人去追求更高、更远、更美好的心灵之旅。预祝你在这本书中找到你自己的“小群”，发扬光大属于你的“势能”。

推荐序3
她有一种“社群体质”，人群皆为她所用

华师经纪创始人　王贤福

因为工作关系，我和魏琪经常在一起交谈，也就慢慢地被她细腻的待人接物、敏锐的商业洞察和打磨产品的严谨精神所吸引。

有一次我们坐在一起讨论，她非常兴奋地提到了正在启动的一档栏目，叫作《大人物品读会》，我能感受到她在这款产品上花了特别多的心思，去解读世界范围内在商业、技术、文学、体育、影视等各个领域做出卓越贡献的人。

她的兴奋点不仅在于开发了一款知识产品，更在于期望这样一档栏目能给更多人带去向上突破、成长的力量。

她和团队精心撰写稿件，挖掘大人物背后那些启迪心灵、振奋人心的故事；去寻找适合演绎这些大人物角色的团队成员和学员，就像导演给电影寻觅演员一样，力求角色从外表到内在，甚至行业属性都能吻合；每一帧剪辑都精雕细刻，确保观众看起来不枯燥、有意思、有启发。

对每位大人物的海报、视频片段甚至配乐，她都亲力亲为与团队一起打磨，力争让成年人听了受用，小朋友听了也有启发。制作出深入浅出、娓娓道来、情感饱满、发人深省的高质量作品，我知道这是非常难以拿捏的。

萃取这些大人物的人生故事需要花很多的时间和精力，才能满足听众更全面地品读他们的成长经历、起伏的人生、成功的经验和智慧的需求。这让我深刻地体会到魏琪做产品的极致。

魏琪还特别会关心人，她对待我们身边的每一位兄弟姐妹都非常细心，你会感觉她比你还懂你自己，会被她感动。这是我内心最深刻的体会。

这种把身边人照顾得妥帖入微的特质，使很多学员把他们的孩子带到课堂上，甚至有的学员抱着襁褓中的婴儿来学习。他们希望自己的孩子能在魏琪言行举止的潜移默化中获得成长。

许多没有见过魏琪的人，可能会质疑她怎么比同龄人优秀那么多，那是因为她比同龄人努力10倍，她全身心地投入到工作和学习中。她时刻保持着“空杯心态”，把自己放得很低很低；虽然她还很年轻，却深谙“地低为海、人低为王”这句话的道理。

记得在疫情期间，短短的10天，魏琪带领几个人的团队创造了10天裂变十几万人大社群的商业奇迹。从这个角度讲，她是一位非常懂社群运营的实践者，她不但让自己成为社群运营的高手，还让几万人同时成为社群运营者。

她用社群使大家把身边的亲人、朋友、同事链接起来，将他们的闲置时间、人脉等资源再次盘活，使得成千上万人拥有了一份事业或主业之外的副业。正因如此，在我看完了样书后，发自肺腑认为这是本具有实践性的书籍。

以前，我感觉自己在中国培训行业做社群做得还算不错，10年来，我和中国文化管理协会联合发起过培训委员会，也做了培训行业的高端社群培训会——培英会。当认识魏琪之后，我就发现我们原来做的社群，只不过是朋友聚在一起学习、吃吃喝喝，相比魏琪运营的社群，真是相形见绌。

从社群的活跃度和规模上来说，我们的社群还差得很远；从专业度上来说，也没有像魏琪做的社群那么严谨。例如，魏琪在书中提到的要“讲好社群故事”，我们讲的社群故事只是很小的故事，也只有我在社群里讲。我原来不懂，故事也没有经过策划、编辑、预演，魏琪在书里提到的关于如何才能讲好社群故事对我的影响很大。

认识魏琪之后，我就引导我们的社群运营人员、社群成员，让他们也能不断地去讲社群故事，让我们社群里的成员更积极地参与，通过“讲好社群故事”去影响更多人。

魏琪还在书里提及社群的陪伴，我们没办法陪伴每位成员，只照顾十几个人，当我看完这部分内容后，我要带领公司的几百名员工和几名社群运营专职人员有针对性地分布式陪伴社群成员。

魏琪在书里写道“社群不是独角戏”，这也对我触动特别大。

我已开始安排工作人员在社群里培养社群的八大角色，让大家能更好地融入社群，在社群中感受奉献、分享和链接的快乐。

“社群可以链接一切力量”，这种力量可以为每位社群成员赋能，帮助其把主业发展得更好。我原来做社群时没有这种感知，仅仅认为我们的社群成员身处同一个行业，有着共同的情怀，大家聚在一起就行了，但是大家聚在一起之后干什么呢？

在社群中，我们可以更高效地链接没有见过的人和人群，了解他们的做事风格和更多的行业，潜移默化地影响他们的认知，这是我在魏琪的书里得到的深刻体会。

读了这本书后，我就开始琢磨如何使大家聚在一起，并产生化学反应，帮助行业会员孵化更多的合作与对接，创造结识人脉的机会。这本书让我体验到社群的无限空间和魅力。

书中的每一讲都是精华、都是经典。每个段落、案例都值得读者、企业好好地去践行。无论你是否从事社群方面的工作，本书字里行间充满的人与人之间的处世智慧都值得你学习。

我们不需要一口气学会书中所有的内容，一个点、一句话、一个工具，都有可能促使你的人生发生巨大的变化。希望你善用社群思维，为自己打开人脉和资源的圈子。像这本书的书名一样，用好小群，创造大势。

阅读者用书指南

▼ 如果您是	您将获得：
企业管理家	1. 如何在社群中甄选招聘可用之才 2. 如何迁移社群思维到企业管理中 3. 如何利用社群重建行业商业模式
社群运营者	1. 分辨社群类型和读懂社群语言 2. 搭建优质社群技巧及其注意事项 3. 学习社群公私域流量转化路径
创业者	1. 如何用社群快速起量并变现 2. 在社群中寻找潜在客户能力 3. 如何在社群中塑造个人品牌
职场人	1. 在社群中链接高人贵人的能力 2. 利用碎片化时间副业变现 3. 将副业升级为主业的方法

社群运营段位自测表

	 萌新	 中级	 高级	 顶级
陪伴力	没时间， 也不知道如何陪伴 群员	每天有2h在社群中 输出内容、回复信息	能得到60% 以上群员的认同	深谙社群陪伴 及变现之道
链接力	没有在社群中 链接贵人的意识	有意识， 但不懂链接方法	懂得分析社群成员 并主动链接	会打造自己， 让贵人来链接你
邀约力	不懂社群邀约技巧	能邀约同维或 低维群员加入	敢邀约比自身能量 高的人	懂得制造事件和 场景邀约高人
组队能力	完全不懂社群 组织管理	获得1～2位群友 支持共创社群	能组队一班人马 体系化运营社群	感召力强， 群员主动结队
讲故事能力	不知道该在 社群里输出什么	能创造与群员 相关的故事	能演绎精彩的 社群故事	能透过故事让群员 感受到真实人格
品牌塑造力	无意识在社群中 塑造个人品牌	有意识， 但没有好方法	懂得时刻展示自己	能将才华产品化， 并定位清晰
危机公关力	不会分辨危与机	会分辨但不知 如何应对	会分辨还能有效 应对	能将危转为机， 化劣势为优势

1.如何在社群中成长
懂陪伴
1.讲好社群故事五部曲
2.与优秀人才组队
3.让他人信任、依赖你
4.在陪伴中塑造品牌
打造IP
1.将才华产品化
2.在社群中定位自己
3.勇于处理社群危机
4.社群大事件，让更多人认识你
2.社群管理与运营
建群必备技能
1.会搭社群运营班子
2.会邀约高质量成员入群
3.深谙社群运营十大准则
4.懂得如何让群员为你背书
5.做好社群运营周期规划
入群甄选指南
1.会识别常见社群类型
2.懂群感和社群用语
3.会在社群中筛选高人、贵人
4.如何用300人盘活一座城
Hi，我给大家准备了内容图谱
3.社群超级链接力
跨越五大纬度：
1.对性别、年龄的偏见
2.跨行业迁移、互通
3.对信息的筛选
4.让阶层扁平化
5.跨越时空的链接
链接贵人三部曲：
1.巧用社交杠杆力
2.列智慧人士清单
3.设计社交剧本台词
4.社群对企业、个人的影响
企业
1.重建商业秩序
2.让数字化办公更高效
3.搭建线上素材库
4.让企业与个人品牌关联更紧密
个人
1.便于不同人群开展副业
2.创业个体更容易线上变现
3.寻找合作伙伴、客户更高效
4.社群成为治愈人心重要场景

目　录

1

第一章

小群聚力，大势渐成

Introduction

一个理想的社群最后呈现的状态，
应该是在社群成员彼此的互相陪伴下，
拥有共同的目标和使命，
在促进个体成长、提升群体凝聚力的同时，
传播积极、阳光、健康、向上的社会正能量。

第1讲
讲好社群故事，势能自来

享誉世界的英国著名小说家，《哈利·波特》系列作品的创作者J.K.罗琳说："一个好故事能自动插上腾飞的翅膀，在传播中俘获人们的心灵和思想。"对于社群里的每个人来说也是这样的，好的社群故事就是最好的陪伴方式，同时也可以建立群主和群成员的思想共识，逐渐勾勒出来一群人心中的蓝图。

一个好的社群肯定少不了爱分享的人，这样的人会给社群增添许多光彩。所以说，在社群中讲故事，只要故事足够精彩，并能让参与演绎故事的社群成员感受到这是一种荣耀，体会到参与和分享的价值与意义，那么大家自然会主动地将故事分享到朋友圈或其他社群，达到传播的目的。通过社群一对多的触达方式，以及社群成员转发背后的传播，无论对企业还是对个体来说，都是一次绝佳的品牌塑造良机。

故事案例1：为建党100周年庆生

下面我和大家分享一个借助节目、纪念日动员社群成员参与的社群案例。在2021年建党100周年、“七一”这个伟大的日子即将到来之际，我灵机一动，想号召社群成员一同为建党100周年庆生，借此抒发我们对党和国家的热爱与感恩，我知道其实很多人想要表达心中的激动，但都不好意思或不知道如何组织活动，很多想法一闪而过就不了了之了。

我号召社群成员每个人录制祝福“党100周岁生日快乐”的个人视频，一人一句话。有200多人参与录制，在全国10个城市留下了社群成员的身影，有个别社群成员还特别用心地与所在城市的标志性建筑物一起拍摄。

在很多人看来，在这样的节日中，自己或许只是一个旁观者，只是看着电视节目感受节日氛围，或者被大街小巷播放的主题曲感染过节的情绪。

如果有一种过节的仪式感，是自己参与其中的，且这样的素材还有幸被北京市朝阳区委统战部选中，成为党建的宣发视频，那么你会想要参与其中吗？有这样的机会与伟大的日子产生更多的联系时，我想你一定愿意去尝试，让这一天变得与日常有一点点不一样。

我们把复杂的成片需求，拆分成一个简单的需求，精细分工，流程化操作，每个人只需要完成自己分担的拍摄工作，最后再汇总生成总片子。

可能有人会说，来自五湖四海的人一起做一个为党庆生的视频，沟通成本太高、协作成本太高、难度很大。但其实整个过程我们只用了2天时间，便完成了为党庆生100周年片子的生成。在一系列看似复杂的工作中，我们找到关键动作，进行了动作分解。把看似只有专业的人才能完成的工作，让我们非专业的人完成了。

影像资料制作完成后，我们投稿给北京市朝阳区委统战部，该影像成为庆建党100周年专栏的头版头条内容。这条喜讯让参与录制视频的社群成员更加自豪和骄傲，自己有机会用这样一种方式为党庆生，荣誉感油然而生，在社群中视频的点击率自然就会高。

更有意思的是，没有参与本次视频录制的社群成员，他们很后悔自己错过这么难得的机会。在之后的社群活动中，他们都多了一份参与意愿，绝不会像之前那样错过活动。

运用好节日、纪念日等特别时刻，创造社群成员共同的专属回忆，使彼此之间达成共识，让每个社群成员都拥有自己专属的故事追忆和美好时光。创造一个人人参与的视频内容，既传递了正能量，又形成了社群成员的独特回忆，使社群成员对社群产生更加强烈的情感依恋，可以激发更多社群成员进行情感投入。所有人一起讲好一个故事比一个人讲好故事更重要。

所以做社群不仅仅是信息触达这么简单，让所有人融洽相处，给社群带去源源不断的生命力，才是社群从一群人走向成为一个群的人的开始。

故事案例2：第一次见面，2小时拿到100万元投资

社群沟通的本质是建立共识，共创故事，并传递故事中独一无二的视角。我曾在社群内分享“我是如何第一次见面，2小时拿到100万元投资”的故事。

在社群分享的过程中，要注重细节，我将此故事大致分了5个部分，对每个部分都认真地思考这一段内容要和社群成员建立什么关系，我的表达是否能使社群成员产生共鸣和共情，这5个部分的具体内容如下：

第一部分：我今天要讲的故事和你相关，你可能也遇到过。

第二部分：如果你也遇到过以下场景，那么可以扣“1”回应我，让我知道我们是一样的。

第三部分：罗列这个故事中的金句，让金句成为社群成员的记忆点。

第四部分：描述故事中的细节，把故事的跌宕起伏和内心戏

都呈现出来。

第五部分：总结故事，延伸故事与你的关系，让你思考你从这个故事中可以学到什么。

经过以上5个部分的分享，我隔着屏幕与大家产生共情，通过大家都会遇到的生活场景，打开社群共同的话题。我用文字、语音、图片来描述这个故事，还让故事像连续剧一样，使大家透过屏幕感受到群主的真实。虽然这种方式会用文字布满手机屏幕，但只要内容有意思，大家会像在手机上看小说一样。在字里行间，社群成员不仅能看到如小说般的故事，也能感知群主的真实人格。本书后面也描述了通过在社群中的故事分享，我链接到了我的贵人、投资人和现在的合伙人——恒洋老师。

从以上的示例中你会看到：我调动一群天南地北的人，一同参与建党100周年的视频接力活动；以及作为一位群主分享自己的所见所闻，设计社群的进阶感，既让大家拥有即时的“追剧感”，也让大家拥有收获感。由此可见，社群凝聚力来源于社群成员共同完成一次又一次的社群活动或任务，共同打造社群故事，产生彼此的链接，从而形成群体共识和身份认同感。

当一位群主想清楚了自己要在社群中塑造什么样的文化，以及形成怎样的群主个人品牌时，那么其所有的社群行动都将会围绕调动一群人、影响一群人、激活一群人而展开。当这些动作都做了，抑或都在进行中，我们就会发现，社群任务就像社群成员关系凝聚的催化剂，不仅使社群成员更加紧密地沟通与交流，还使每位成员在社群中都拥有自己的存在感，找到自己的位置，对社群的参与度自然而然地就会更高。

如果你问我社群最大的魅力是什么，答案就是所有的社群组织都有可能因为同一个人、事、物而聚集起来，并发生一系列的故事，加深彼此之间的了解，于是就会出现“事上见人，人因事聚”的社群现象。每个人都会因为这样的互动交流产生链接，了解头像背后的那个人，并产生想要见面交流的冲动。社群的起点或许是网友，但社群的尽头是成为朋友。

第2讲
经营社群到底是集中式，还是分布式的

在无助的时候，你有没有向某一个群里抛出你的求助信息而得到过帮助？然而，帮助你的群友可能你之前都不认识。

我分享两个小故事：一个故事发生在疫情期间，社区的社群成员守望相助；另一个故事发生在朋友身上，朋友因生意失败而有了轻生念头，后被群友救助。

疫情期间，在每一层的楼道里摆张桌子交换蔬菜的画面，让我记忆犹新。我住的小区也成立了蔬菜供应群、鸡蛋群、物品置换群等。

“我家还有好多西红柿，你家有土豆吗？咱们交换着吃。”

“我家娃的口粮快断了，谁家有存货，救救急？”

…………

尽管疫情期间的居家生活单调乏味，但看着小区业主群里的对话，给人增添许多感动。在居家的日子里，大家不得不在不同的物理空间，用虚拟的社群空间进行沟通与交流，彼此交换物品，彼此陪伴，并因此结下了共患难的情谊。

曾经担任世界500强企业高管的朋友，作为名校高才生，他把自己20年的青春奉献给了公司，虽然他不善于商业经营，但他还是按捺不住实现人生抱负的理想，毅然辞掉高薪工作，选择了创业。真正走上创业这条路之后，他才发现创业远没有他想得那么简单。创业之后，他做的还是之前的老业务，虽然自己积累了一些客户，但管理一个团队，经营与客户之间的关系，以及各种人际关系的处理和应酬，他实在吃不消。

公司一直不见起色，合伙人卷走了一些业务和回款便悄然离开，这让本就疲于奔命的他彻底崩溃了，他大病一场，公司实在经营不下去了，被迫关掉了。他经营公司两年，不仅没赚到钱，还把过去十年的积蓄基本搭在里面了。

但他并没有因此垮掉，而是重整旗鼓，计划着先找一份工作，再寻找东山再起的机会。他是计算机编程专业毕业的，之前在大厂工作时年薪很高，但这次他投了很多份简历，薪水低的他不愿意去，又没有单位愿意用他预期的薪水聘用他。

他索性不再找工作，又开始了第二次创业，开了一个小店，这次他吸取了第一次创业的教训，没有找合伙人，想着生意不像之前那样需要见很多客户，就只招聘了一位员工与自己一起干。

但是，小店开业没多久，新一轮疫情让他的小店直接关门，他负担不起连续几个月不营业还要交房租的费用，即使房东减免部分房租，他的第二次创业还是宣告失败了。第二次创业失败，直接让他的房屋贷款“断供”了。他没有收入，每天睁开眼就需要大几百元的开支，想到自己之前年薪七八十万元，虽然那时很忙很累，但每个月有比较稳定的收入，而今十年奋斗的成果，重新归零。

他想到了自杀，准备好了胶带、绳子等工具，但他仍有生的渴望和不甘心。他每天把自己关在屋里，经常一觉睡到太阳落山。在他之前活跃的几个社群中，有几位聊得来的朋友，他们发现他不在群里说话了，时间一长，有位群友感觉他有点儿不对劲，就主动私信他。

群友知道他的情况后，一有时间就去陪他聊天，有时还过来找他吃个饭，为的就是能开导他，让他别总想不开。后来，这位群友想办法与他的父亲取得联系，他父亲来到他身边，陪伴了他几个月后，他才彻底从之前的抑郁情绪中走出来。

这是一个真实的群友援助的故事。有的时候，陌生的群友比身边熟悉的朋友更能带给我们帮助，跨越时空的社群无限放大了每一种可能。

曾经看过这样一篇文章，村子里一位患有阿尔兹海默症多年的老人走失了，家人找了好久也没找到，村长赶紧将这条寻人信息发给了周边几个村的村长，再由他们发到本村的村民群，寻人信息发出仅半个小时，老人就被找到了。

我们遇到的困难在别人那里也许只是举手之劳，我们需要将求助信息传播出去，让信息通过“自己”这个载体流动起来，我们要在社群里成为一个被人信任的人。

社群信息与社群管理是分布式的还是集中式的，这个话题一直被广泛讨论着。只有真正经营过社群的人才会明白，社群信息与社群管理既无法做到完全分布式，也不能做到完全集中式，其最后的呈现状态是凝聚了一股巨大的能量，这股能量来自五湖四海、四面八方的社群成员。大家聚集在一起的能量，使一个个绽放的生命在社群流动，其形态既是分布式的，又是集中式的，两者兼具才能实现天下大同，美美与共。

这样的社群具有强悍的生命力，社群成员之间的交流让我们看到无惧无畏的勇气和惺惺相惜的情感，社群成员之间达成的共识培育着新的希望，共同持有着一种向上的力量。

第3讲
越陪伴，越上瘾的社群情感

大多数时候我们在网络上的公开分享并不会石沉大海，默默留意和转载才是互联网网民的真实状态。

从某种意义上说，持续的、高质量的内容输出是社群陪伴的好方式，这比闲聊的社群更有意义。在群主浅谈各类社会事件、专业领域知识、为人处世之道等内容的时候，虽然社群成员接收的信息是碎片化的，但大家依然能拼接出群主多维度的形象，无须见面就可以低成本、高效率地互相了解。

及时回复社群信息本身就是一种陪伴。你可能会好奇，自己没有专业知识，也并不博学多才，是不是就没机会成为一个好群主？并不是。群主并非需要精通专业知识，在社群中唠嗑式畅谈，与社群成员就能更好地形成共同学习、共同探索、共同进步的社群氛围，这样的氛围非常有利于社群感情的建立。

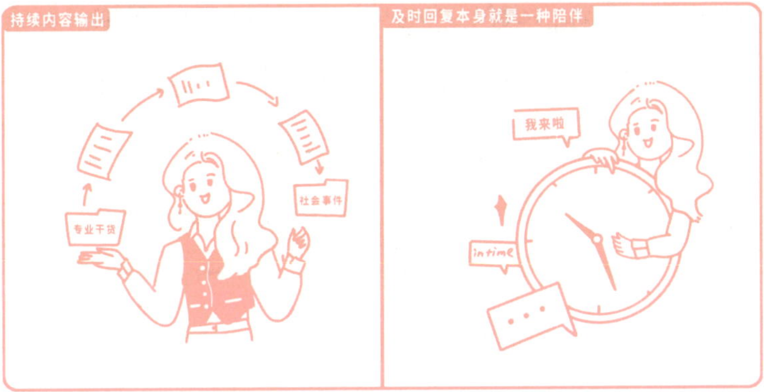

哪怕你什么技能都没有，但作为一个群主，你能在合适的时间给予鼓励，懂得用表情包表达自己内心丰富的情感；用文字和语音在社群中穿梭自如，清晰地表达自己的观点；在社群成员需要帮助的时候，及时出现，并给予帮助；对社群成员的信息，你能做到条条有回复，事事有交代，多引用对方的语录，使用微信功能“拍一拍”，与社群成员进行无字的互动……只要群主身上具有“陪伴”这一温暖特质，就能把社群经营得有声有色。不仅应用在微信群，所有社交集体的群都可以如此互动。如果你担心自己不是一个表达欲十分强的人，不具备成为群主的特点，不妨可以看看第四章中关于聊天机器人改变社群生态的部分。即便如此，社群的灵魂依旧是因群主分享内容而最终形成的社群文化。

越陪伴，越依赖。社群成员加入一个社群的最初目的，都是为了满足自身的某种需求，但时间一长，社群成员对社群的关注度就会下降，不再那么积极地在社群中发言。这是正常情况，无须担心。在运营逐渐冷寂的社群时，最重要的是群主对当下的运营要有足够的耐心，对未来群主形象建设也要有足够的信心。群主无须过分关注中途掉队的社群成员，毕竟社群成员观望、潜水，这本身就是一种正常的社群状态，哪怕短暂离开后，每一个人也都有可能会因为某种需求再次回到社群。

作为群主，你不必强求社群成员的活跃度或者去留，你只需要保持对社群一定的时间付出，如正能量内容的分享、情绪价值的给予、专业知识的搬运、热门琐事的议论和社群周期性活动的组织，甚至社群成员线下会面的组织，增加社群成员彼此的关系链接……这些动作都能使社群成员在“同群网友”关系的基础上，彼此形成更强的链接。

任何一个社群的成员关系都在随时变化，作为群主，你完全可以以不变的真诚投入，来应对社群关系的万变。

有意思的是，作为群主经营社群时，你可能还会发现比你更具有社群感染力的社群成员，他们时常使其他的社群成员质疑："到底谁才是群主啊？"在社群中非常活跃的社群成员是极有可能因为个人的社群表达特色而成为"小群群主的"。

他们这种过强的陪伴属性，更容易引起其他社群成员的注意力。这类人最明显的特征是，他们活跃的时候，比群主更能吸引人在社群中互动，他们一出现，社群中就会有层出不穷的话题、聊不完的内容、没完没了的表情包和互动不停的红包等，会让人诧异他们是社群成员还是群主，居然可以如此带动社群氛围。

"谁陪伴我，我就喜欢谁。"在社群运营实践中，社群成员无意识形成的共识，是非常常见的情况。群主要懂得和这样具有号召力的社群成员合作管理，共同经营社群，哪怕弱化其群主的角色，将群主的特权给予这样的社群成员也是无妨的。关键看自己想要通过社群实现什么。

如果该社群成员执意瓦解其他社群成员，破坏社群的氛围或关系平衡，那么群主就需要引导社群氛围，避免出现不和谐的声音，影响其他的社群成员。

社群交流的本质是一个人的闲暇时间被其他社群成员的信息“随机填满”，在这个过程中，谁出现的频率高，谁获得的关注度就高，被喜欢的可能性就大。

第4讲
群主如何打造个人品牌

个人品牌专家帕特里克·阿尔布雷希特认为，“个人品牌是你与社群之间的情感连接。”通过与社群成员建立真实、深入的陪伴关系，我们能够获得更多的共鸣与支持。不论大家遇到什么问题，群主都能在社群里陪伴大家，哪怕解决不了什么问题，只是出现在大家的视线里，都能很好地让社群成员对你有更多的了解，知道你是做什么的，从而与你产生链接。

如果你是一名销售人员，个人品牌就是你与客户不断交易的结果；如果你是管理者，个人品牌就是大家愿意追随你的背书。当你面对的人群数量越多，个人品牌的放大效应将会呈几何级数增长，当然，如果你没有做好自己，那么个人品牌会给你带来负面的影响。

在不同成长阶段，做好自己的品牌定位，使得身边的朋友、客户对你产生稳定的预期，这是一件非常重要的事情。

前段时间，我和一位制造行业资深的市场总监朋友见面，他谈起了在工作中遇到的一件特别有意思的事情：

在疫情前，他常年带领着20多人的营销团队，每天奔波在见客户的路上。他从事咨询行业，要给客户讲方案、改方案，并且不能让多家客户参与同一个方案的讨论。在疫情期间，开发新客户的工作受到了极大的影响。

后来他们大胆改革，把一些具有相同业务属性的客户邀请在线上一起讲方案，大家并没有违和感，因此他们老总得到了一些启发做了以下动作。

我的这位朋友重新调整市场团队，由人事部门配合，招聘市场合伙人，市场合伙人无须坐班，只将其身边有公司业务需求的客户引荐过来就能拿到收入提成。以这种方式，他们用3个月的时间将团队扩大到2000人，人数是原来的100倍。这2000人的团队，全部加入了公司的企业微信群。这位市场总监朋友及其团队骨干，成了几个群的管理者，给群里的市场合伙人进行统一的业务培训和答疑，他们团队的业绩提升了好几倍。

团队扩大100倍，管理者要重新认真地思考定位。我这位朋友在这个过程中，越来越感受到：

他要带领比之前扩大100倍的团队，要被更多的人关注；他要在业务上更加精干，要面对更多不同类型的人。他开始更加注重自己的言谈举止，注重在社群里每一次说话的措辞；他开始学习如何调动社群的氛围，如何处理社群里的各种信息。他逐渐和团队的骨干成员分工，搭建了一个社群运营维护的班子。

为了在社群中展现更好的自己，他拍摄了具有职业感的照片作为微信头像，学习如何发朋友圈文案，微信签名被改成了具有行业属性的简短文案。他的这些改变被朋友、同事发现后，不止一次地对他说："你变了，变得越来越职业、越来越干练了。"现在的他，不用像以前那样每天都在出差，他一半的工作转到了线上，收入比之前还高了。

我的这位朋友用社群将其客户链接的规模扩大了100倍，且未来规模会越来越大，同时给多位客户讲解具有共同业务属性的方案，极大地提高了时间利用效率；在这个过程中，他被更多的人关注，开始注重个人形象，有了品牌思维，意识到自己现在的一言一行，影响的不再是20人，而是2000人。

通过自己在社群中的定位，不断给自己带领的这支队伍输送个人品牌形象的价值。在社群中，能让别人精准定位自己，就是个人品牌的最好体现。

我的一位学员朋友，她既是一位建筑师，也是一位心理咨询师，她同时热爱着这两个专业。在聚会上进行自我介绍时，她常常不知该如何向别人介绍自己，她总担心两个跨度如此之大的专业背景，是否会给他人留下做事不专一的印象。于是她问我："我应该让别人记住我的哪个专业身份？"

看她一筹莫展，我说："为什么一定要二选一，懂得心理学的建筑师难道不更酷吗？一个好的建筑师和心理咨询师，能打开人的物理空间和心理空间。建筑师用CAD画图，心理咨询师为咨询者描绘美好的蓝图，治愈他们，建筑空间也有治愈的功能。"她听后恍然大悟，不再困惑他人会记住她的哪一个身份，而是在分享的同时讲清楚两个专业的关联。

有了明确的个人品牌定位后，果不其然她好事连连，不久后她迎来了升职与客户增多，她有效地塑造了自己的个人品牌亮点。在心理学和建筑学上，她都能更好地帮助她的客户，提供更优质的方案，两个专业的结合和兼收并蓄更好地发挥了其优势，与其他竞争者形成鲜明的对比。

在正式成为一位群主时，你至少要让可能成为社群成员的人感受到你的专业、正能量、真诚、幽默、友爱等特质，他们才能在社群中被你吸引，慢慢地喜欢你，并打心眼儿里支持你。

社群运营的本质是运营人际关系，经营人心。经营人心最好的方式是：不要让人猜测自己是什么样的人，而要坦诚地向朋友展示最好的自己，多维度展示自己的良好品质，重复自己的个人品牌和个人魅力，重复的力量如水滴石穿，使自己的品牌深入每一位社群成员的心里。

如果你能在一群人的心里扎下根，不断地在人群中被提及，那么你就会有非常明晰的定位，要做到这一点，你需要做一系列的个人品牌塑造，社群是普通人打造自身个人品牌的加速器，并最适合将其快速转化为影响力和财富，拓展事业版图。

我经常与学员分享这样一句话："阅人无数不如阅群无数。"可能有些人不以为然，但的确社群可以让我们阅人的规模基数和时间效率倍增。

人类自古就是生活在社群中，从原始的部落、氏族，到现在的家庭、学校、工作单位，还有因共同的爱好而组成的跑步群、瑜伽群等。

甚至可以说，这个世界是由社群构成的，而不仅仅是由人构成的。我们每个个体在社群中最好的呈现方式就是用清晰的定位，让别人快速识别你的价值，并有机会给他人输出自己的价值。

你的社群价值是什么，取决于你可以提供的专业知识。

你的社群服务是什么，取决于你满足别人的价值需求。

你的社群人群是什么，取决于你希望吸引什么样的人。

回顾自己10年的创业历程，我一直以搭建社群的形式组建和起盘运营项目，从最初的科技社群、食客社群、自媒体社群、写作社群、女性社群、公益社群等，到现在自己公司的团队，大家来自五湖四海，从社群中脱颖而出成为一个团队的伙伴，齐聚北京。我们最开始也是一个群里的人。因为我的合伙人恒洋，我从深圳来到北京，一个社群齐聚一群人、为了一个事业奋斗的感觉，就像我们彼此寻找到了“后天家人”。

尽管我们无法决定我们的“先天家人”是谁，但我们可以在成长的过程中不断筛选我们的“后天家人”，我们与谁奋斗，我们与谁共舞，我们与谁举杯，我们与谁同贺，这些是我们选择与谁度过难忘时光的权利。社群是我们主动选择和拥抱更多优秀的人的场域，这个场域的运行机制可以自主设定，也可以共创设定，这便是社群存在的最大的意义。

第5讲 个人才华产品化

两年前，我在组织社群活动时，与李姐——一位财务主管产生了链接。李姐看到我将社群经营得有声有色，问了我一个问题："我怎么用我的财务专业做好一个群主？能不能建立一个关于财务交流的社群，和同行交流？"

我接着询问她："你做社群的目的是什么？"

她说："大概是变现？或者转化客户？"

我接着问："那为什么同行要给你付费呢？是你比他们更厉害吗？还是你希望这个社群成为同行为你转介绍客户的渠道呢？"

她竟然一时回答不上这些问题。类似这样的咨询对话并不少见。

在建立社群的时候很多人没有想明白，这个社群真正服务的人是一群什么样的人，建群的目的到底是什么。从李姐的提问中，我们应该以结果为导向去思考建群的目的。她的专业，或者说她的才能、才华，只能服务于自己的企业和客户，当她建立社群之后，她可以把自己的专业知识和认知转化为产品，将其在社群中进行分享与复制，实现自身价值的增值。

真正的超级群主，擅于迅速挖掘自己独特的才华，并将其产品化。围绕自身才华，群主可以用以下六大步骤打造一个好的社群产品，用其完成一对多的高效群体沟通，并且以社群为基础，提升个人名誉和商业价值。

步骤一：挖掘和提炼自己最擅长的领域，找到与之相匹配的受众群体。

我与李姐相识之初，她的一段自我介绍引起了我的关注。她是这么介绍自己的："我从事财务工作 10 年了，考取了从业相关的资格证书，培养了部门数十位的财务人员，虽然自己年薪已超百万元，但还是很想精进自己，认识各行各业的新朋友，所以今天很高兴因为魏琪的社群在线下见到大家。”

当我想起她的这段自我介绍时，我便立即了解了她的价值。于是，我给她做社群的建议是：如果你希望做一个关于财务专业的社群，你要思考清楚这个社群成员的构成，不同的社群成员的构成会让社群的氛围完全不一样。

比如，刚入职财务工作的应届毕业生和10年财务工作经验的财务总监同在一个社群交流，这完全是应届毕业生向群主“取经的捷径”，群主接收的大多是崇拜和仰慕的信息。

如果企业主和财务总监同在一个社群交流，那么群沟通的信息就有可能成为企业主在财务上的“避坑指南”，群主就极有机会在社群中开发出来个人客户，成为咨询顾问。

如果与财务总监同一个专业水平的社群成员构成群聊，那么这个群就有可能成为同行互通信息的社群，群主有可能会成为行业圈子中的意见领袖，或经常组织一些同行的交流活动。

如果和一群对理财感兴趣的宝妈同在一个群，那么群内信息就极有可能围绕家庭财务管理进行交流，财务总监作为群主应成为家庭理财的智囊团，为有资产配置和管理需求的客户群体提供服务。

不同类型的社群成员形成了不一样的交流氛围。群主在最开始想要建立一个社群的时候，一定要清楚第一批社群成员的“画像”，思考他们到底是怎样的一群人。根据基础人群，群主再构思如何推进一个社群，使社群逐渐走向群主理想的模样。

步骤二：打造一个面向目标人群解释自己专业和优势的知识产品。

知识产品最大的作用是科普，外行人借此了解业内知识。课程是知识产品的形式之一，它能很好地销售和介绍自己的才华与专业，不仅降低了个人专业的解释成本，也更好地树立了群主的个人品牌形象。

例如，李姐渴望通过社群凝聚对她的专业感兴趣的一群人，通过财务领域业务的咨询，展现自己的专业才能，把自己“销售”

出去。销售的最高境界是“不销”而“销”，直接推销是远远不够的。

她在将自己的专业变成一种知识产品去分享的同时，还针对不同的人群，用他们熟悉的语言体系——非专业的大白话去表达，这大大地降低了社群成员对销售知识产品的“排斥感”，群主将自己的专业知识分享出来，无偿给社群成员进行知识科普，必将得到社群成员的尊重和感谢。

如果李姐组织了一个社群成员大多是“妈妈”的女性社群，“妈妈”是家庭中开销支出的主要成员，她们更在意家庭的开销，如孩子教育费用、夫妻关系维护费用、孝敬父母费用等。她们非常渴望了解如何合理地管理家庭开支、进行家庭资产配置、做好家庭里的财务总监。

李姐一定要针对“妈妈”的需求规划一系列“如何做好家庭财务官”的内容，用通俗易懂的语言解读财务的专业知识和思维方式，并将其运用到家庭理财中。群主需要考虑妈妈们的生活场景和需求，如“如何做好一个月的家庭账目管理”“如何拥有给老公花小钱办大事的智慧”“生活刚需支出与收入分配的恰当比例是多少”等，从妈妈们日常关心的琐事中寻找一个专业的切入点。所以面向不同的人群，文案的场景是不一样的，越日常的场景越容易引起共鸣。

步骤三：不断重复你的才华和产品，直至拥有个人品牌。

当向一个新群体解释自己的专业时，我们需要阐述清楚该专业可以创造什么样的价值，对方会根据自身的经历理解，并思考“你到底是做什么的？我们一起能做什么？你能为我创造什么价值？”

与其让对方疑惑自己的专业，不如主动展示自己的专业才能，用通俗易懂的语言诠释专业才华。切记不要卖弄专业，把门槛设置得太高。

把专业才华制作成课程产品，不断地重复展示，并高频率和标准化地交付给社群成员，还可以提升自己的权威感和专业性。

面向不同的人群，课程产品要以不同的方式呈现。以“妈妈”群体为例，课程产品的内容一定要简单易懂，课程时长最好控制在10分钟以内，可以让妈妈们一边做家务一边学习，不会给她们造成心理负担；课程以应用场景的形式呈现，尽可能不使用生僻的专业词汇，如果使用专业词汇的话一定要用大白话解释清楚，仅凭听就能让学员更好地吸收其专业内容。

通过重复自己的专业知识，让更多不同的群体意识到你的专业对他们的价值，这会自然而然地形成个人品牌的标识。

大多数人低估了重复的力量，唯有高频率的重复和多元化的重复，才会真正促成一个品牌的诞生，各种花式营销大多是蹭热点，没有重视重复的力量。

步骤四：一个接一个地塑造案例，积累下一个阶段所需的信誉。

一个大群主想要走才华产品化的道路，实现正向循环，必须重视名誉和信誉的积累。名誉指的是名声的权威性和专业性；信誉的积累指的是通过合作成为可以被信任的人。把才华做成课程产品可以不断地积累名誉；开发合作产品，能够不断地积累信誉。在此过程中，群主的口碑得以传播，名誉的建立在前，信誉的积累在后。

如何更好地开发合作，群主需要确保对合作和服务的对象有十足的了解。在信誉积累的初始阶段，不要轻易触碰没有把握的、不可控的合作，避免自己好不容易积累起来的名誉毁于一旦。群主要不断地引导社群成员给予知识产品以正向反馈。

例如，知识产品的课程推出后，我常常会跟踪学员的真实反馈，他们给出的好评也是案例的一部分，是信誉积累的初始阶段所必须积累的客户反馈。我不只听好评，我会通过提问来深度了解学员对课程的感受。提问见智慧，回答见格局。通常我会问这几个问题：

（1）你是否真的学习了课程产品？

（2）学习后对你有怎样的启发？

（3）这些启发有没有给你的生活、工作带来改变？

（4）你是否可以将可视化结果罗列出来，或给一些具体的数据？

（5）这些数据是否可以公开？

通过上述5个问题的交流，课程学员会一步一步地说出有价值的答案。一个好的提问可以挖掘好的回答。这些问题不仅展示群主个人的部分实力，更是将才华产品化后积累的信誉基础。

这样的信誉积累如积沙成塔形成好口碑，会创造更多合作的机会，这些机会是由买单过你的才华产品的人带来的。通过不断传播，那些无动于衷的潜在客户会对你产生好奇，进而付费了解你和你的专业。

步骤五：群主讲好社群故事，与社群成员共同创建具有想象力的未来。

当群主拥有500名左右的付费客户时，也就是一个微信群的人数满了，群主已经成为该微信群的中心人物，具有一定的号召力和影响力。群主必须提升自己的能力，通过讲好社群故事，使社群成员达成对社群未来发展的共识。群主要更多地发挥让社群可持续发展的想象力，让社群成员更加坚定地选择和跟随群主的步伐走下去，我将其称为社群愿景。

会讲故事的群主，能更清晰地描绘社群愿景，感召志同道合的社群成员，有的社群成员甚至会成为群主事业的支持者，他们以不同的形式和群主开展合作。他们不仅可能成为群主的客户，还可能成为群主的合伙人、投资人、推荐人等。你可能会疑惑，怎么才能让一位社群成员变成群主的投资人呢？

我和我的合伙人恒洋正是通过几十万人的庞大社群，筛选出了价值观一致的社群成员。我们在线下进行面对面的深度交流后，部分社群成员成为我们的投资人和合伙人，也有人成为多个项目和课程产品的客户，大家用购买行为表达了对这个社群的认可。这就是群主与社群成员共同创建的魅力所在。

其中最重要的一点是，群主在成长中遇到的里程碑事件要完全同步分享给社群成员，社群成员会自然产生一种“养成系”群主的快乐。他们看到自己支持的人一步一步地成长，并越来越强大，也会由衷地为之骄傲。

社群成员对群主未来的发展有相对清晰的预期，也因此会愿意投入更多的时间和精力来支持群主及其梦想。

步骤六：与社群成员、粉丝共同打磨新的产品体系，建立群主的“商业帝国”。

当群主已经汇集了号召力、感召力、影响力三股力量，形成了自己的个人品牌，也会沉淀下来越来越多的社群拥护者。

如何判断某位社群成员会成为你的拥护者？其中关键的一点是，其是否愿意支付大额金钱来购买你的产品。有的拥护者从始至终跟随群主，有的拥护者半途认识群主，有的拥护者道听途说凑个热闹，但当他们用真金白银支持你时，他们已经从你的“商业帝国”的旁观者变成了参与者和建设者。

这里所说的“商业帝国”，你可能觉得不可思议，群主怎么可能缔造一个庞大的“商业帝国”？但事实上，拼多多、小米等众多品牌都曾依赖社群强大的号召力起盘，成长为如今的互联网巨头公司，扎实、庞大的拥护者，就像其“商业帝国”的地基。粉丝相信这些品牌社群的群主，即品牌创始人，相信的力量也是社群乃至整个品牌发展的动力。

“因为相信，所以看见。”真正理解这句话的人，都有过相似的经历；相反，没有过被无条件相信的人，无法深刻地体悟这句话的魔力。

用社群缔造一个“商业帝国”并非夸夸其谈，群主的能力与想象力决定其能否在社群的基础上建造一个“商业帝国”。社群成员的贡献在于：提出个人建议，投入个人资源、精力和时间，以及参与群主的项目，共同完成“商业帝国”的建设。

超级群主的形成，除需要群主本人在建群、管群、发展群的时候思路清晰外，还需要群主拥有“用一个人和一群人”的智慧，将社群成员的能力用到社群管理中，把每一个人放到合适的位置，通过讲好故事塑造共同的愿景，使一群人奔赴同一个方向，用群体的智慧和力量去取得一个又一个里程碑式的胜利，从而最终创建自己的“商业帝国”。这和第30讲内容异曲同工。

群主不仅可以将才华产品化的六大步骤应用在社群上，还可以应用在每一位具有创业精神的人身上。在创业的路上，我们会遇到许多人，也会错过许多人。有的人会在我们创业的征途上留下浓墨重彩的一笔，有的人仅仅与我们擦肩而过。作为群主，我们无论如何都要团结一切可以团结的力量，与之并肩前行，那么我们的社群就会迸发出无限的生命力。

第6讲
精准定位，群主与社群双赢

“定位不是你告诉别人你有多好，而是告诉别人你与众不同的方式。”市场定位专家埃尔·雷斯认为，定位不仅仅要强调自己的优势，更要突出自己与其他竞争者的差异来吸引目标受众的注意力和兴趣。

在做社群之前要明确几件事：你做社群的目的是什么？社群的目标人群定位是哪个群体？你渴望让你的社群成员怎么认识你？你搭建的社群未来计划做哪些事情？

只有将这些事情搞清楚了，你才会觉得所搭建的社群是有价值的。我们每个人都有机会成为群主，并进阶为社交愈合者。哪怕没有专业知识、技能基础和分享内容，只要懂得及时回复信息，你都有机会因为高频率的回复而被依赖，使社群成员感受到被陪伴。这真是应了那句老话：“陪伴是最长情的告白。”

想要经营好一个社群，甚至想通过一个社群衍生多个社群，形成社群矩阵，发展成为个人品牌的基础流量池，那么，我们学习如何成为一位专业的群主是非常必要的。本书将“做群主”这件事情从线上到线下做了全方面分享，全方位地解读了一个人到底需要什么样的能力才能成为一位不错的大群主。

通过前面的案例分享，我们可以发现，群主的显著特征会形成群主个人的社群印象，如果群主想在一众社群中脱颖而出，清晰明了的个人标签是必不可少的。

以下12条关于群主的个人品牌定位模板适用于普通人，你或许能从中找到适合自己社群的标识，以区别你与其他群主。

从这12个维度你可以发现，每个人都可以根据自己的个人情况进行差异化运营，不同的人可以将自己的优势和行业属性组合。仅有明确的标识还远远不够，你还需要有自己的语言、肢体等特点，甚至是衣着和佩饰的风格，社群成员透过屏幕，通过你的言

谈举止、神态仪表等感知你的性格、立场、态度和情绪。

群主对社群功能的定位会影响社群成员对社群的判断。我们建立一个社群的初衷多是希望该社群长期活跃，精准的客户可以长期和我们建立关联，这就需要对该社群进行定位。

那么我们如何进行社群定位呢？可以从以下两个角度来思考。

第一个角度是明确社群成员的需求是什么。社群存在的意义就是让社群成员感受社群价值，其价值来源于满足社群成员的需求。那么，社群成员有哪些需求呢？

第二个角度是根据群主的专业，明确社群运营的功能定位。在任何社交媒体上，正式成立一个社群，群主都需要先对其进行功能定位。下面列举了9种定位维度：过程、人群、产品、需求、兴趣、信息差、活动、临时、稀缺。群主根据社群希望突出表达的核心内容进行定位。

社群定位是群主在建群之前给社群定义的身份，这个身份决定了社群的发展方向、参与人群、提供的价值、运营规划、变现方式等。

在很多时候，群主的定位与社群的定位相互衬托和依存，从社群的定位上，我们可以看出群主的气质；从群主的气质上，我们也能看出他们所建社群的大致样子。

在激烈的同质化竞争时代，能够满足客户需求的产品和服务太多了。如果你想通过社群来变现，那么你就要让大家看到你的产品、服务和别人的有什么不一样，你的社群运营又有哪些与他人不一样的地方，你的产品和服务有哪些差异化优势。你必须找出一个让客户不得不在你这里购买产品和服务的理由，从而精准定位自己与社群的价值。

第7讲
10天裂变影响11万人

励志演讲家与畅销书作家托尼·罗宾斯曾经在一次演讲中说："社群不仅仅是一群人，它还是一股能改变个人和社会的强大力量。"2020年2月，对这句话我有了一次非常真切的体会。

那个时候，我和我现在的合伙人恒洋老师一起发起了一个公益社群，该社群旨在帮助一些"深陷泥潭"的朋友渡过难关，在困难中寻找力量。

该社群起初人数不足百人。我们号召大家以生命影响生命，每个社群成员自建以几十人为基数的社群，帮助身边需要帮助的朋友，能提供物资帮助的提供物资；能解决心理问题的解决心理问题；需要出谋划策的就共同头脑风暴……一群人用能想象到的一切办法找到力量。

那段时间，每天早上8点钟闹铃响了之后，我都会下意识地点开微信，微信框是我熟悉的3个圆点，浏览过万条的手机信息是我的日常。

作为巨型社群的大群主，查看各个社群的动态，回复社群组委会的信息，已经成为我起床后优于洗漱的第一事项。睡醒后，我曾坐在床上用整整5个小时回复信息，对我来讲，这是一项尚未被打破的纪录。当我和身边熟悉的人聊起这件事时，他们调侃道：“这下好了，你本来只是不吃早饭的，现在连午饭都省了。”

作为影响着超过11万人的公益社群的发起人，我晚睡早起已经成为常态。我曾粗略地计算过，我的手机中活跃的社群至少有3000个。

这个公益社群的建立源于我和恒洋老师的一次电话沟通，他说：“我不会医术，也不能在疫情下出门给国家添乱，但是我想尽我的力量做一点事情，那就从我最擅长的经商之道开始，分享我看到的疫情下的积极面，大家一起度过眼前的危机，彼此多给予一些力量，转危为机成为这个时代的超级链接者。”

确实如此，当危机来临时，没有谁可以独善其身，尤其是创业者。

一、公益社群缘起

随着疫情的蔓延，企业被迫延期复工，房贷、车贷使有些人难以承受，有的人想借跳槽涨工资的心愿更变得遥遥无期。绝大多数人宅在家里，无奈和焦虑的情绪蔓延开来。恒洋老师陆续接到朋友的求助电话。

“我是做餐饮的，现金流的需求比较大，现在已经发不出工资了，该怎么办？”

“我原本以为年后可以马上启动新项目，前期的钱已经砸进去了，现在还得还贷款。”

“我家小孩一直不上学，我在家都没法办公，也做不好公司管理，视频会议开着开着脾气就上来了。”

众多的疑问抛向我，我在自己的圈子内是点子王，在别人看来我从不缺门路，恒洋老师更是如此。他一连帮着几位好朋友出谋划策度过眼前的危机，但电话接二连三地又来了。那时，他在北京，我在深圳。我们都意识到一件事情：需要帮助的人可能比我们想象得更多，既然疫情期间我们不可能出门见面，那么所有人转型线上就成了唯一的出路。

二、一篇《恒洋：2020不轻松，但别认怂！》，启动社群

在2020年2月6日晚上，一篇《恒洋：2020不轻松，但别认怂！》的公众号文章，第一次提出了组建“命硬私董会”这个学习型公益社群。

现在回想这一切，有一句话特别应景：“你是如何度过疫情的每一天，就是你如何过自己的人生。”“命硬私董会”公益社群的初衷就是为更多人赋能，使他们拥有线上线下结合运营的破局思维。我们甚至不惜成本地去运营，手把手地带着大家进行实战训练，使每一个人都能掌握线上的运营方法。

事情的发展很快超出了我们的预期。仅两个小时，就收到上百份的报名申请表。在随后的两天时间里，这一数字破万，文章的阅读量也达到了4.1万。

回忆起这段经历，我会觉得不可思议，很多有趣的事情在社群中发生着、延续着、上演着……

“就在刚刚，我夫人接到我们经常去的日料店店长打来的电话，日料店销售鸡蛋、牛肉、猪肉，并提供无接触配送，售价是店内价格的1/3，现正在制订销售充值卡政策。对这种命硬的人，我无条件支持！”恒洋老师对着直播镜头说道，这是他第一次直播。

每次回忆开始直播的这段经历，恒洋老师都会笑着说：“那时候打开摄像头，在一个屋子里，我一个人对着手机滔滔不绝地讲话，感觉自己是一个很奇怪的人。”当时的他一定没想到，如今直播分享会成为他日常生活的一部分。

社群成员互帮互助让大家看到了希望，溪水开始汇聚成洪流。

三、面对纷至沓来的入群申请，形成社群裂变之势

申请加入社群的人数之多超出了我的预料，这种疯狂很快演变成了公益社群服务和跟进上的断层。

作为社群发起人，组织社群组委会和各个群主的工作，面对超过11万人做直播分享。2020年2月至5月，连续3个月我每天工作到凌晨3点。说实话，这是我第一次这么玩命地工作。那时候的公益社群不赚一分钱，仅仅是因为我们看到有许多人借助社群的力量而改变，观察到不少人的生命因得到社群的滋养而绽放。

我负责上千个社群的正常运转，不得不经常一边与同事通话开会，一边敲打键盘回复信息。这个庞大的公益成长社群，对我和所有参与者来说，都是一场独特的体验：人生只有一次，不试试看，怎么知道自己行不行?

11万人的社群，大如巨象。难以想象的是，社群总部的工作人员仅有11个人。为了方便管理，“命硬私董会”公益社群设置了5个公益志愿团队来服务这个巨型社群。在短短10天时间里，依赖这套管理系统，11万人的公益社群得以高效运转。

在那段时间，我的全部时间都被工作填满，从上午到凌晨密集地排满了工作：

上午回复群主的群信息，和团队开内部会议。

中午进行社群组委会工作安排。

下午预告晚上的直播和全群的明日计划。

傍晚预告和协助组委会管理社群。

晚上进行课程直播或者点评作业。

23点后工作团队开始一天的工作复盘。

你可能会好奇为什么管理社群会如此忙碌。为了输出优质、有效的信息，我们在社群中邀请了自己身边有影响力和在各个领域有杰出成绩的朋友轮番进行直播分享、社群分享，为万人社群成员传播正能量，使大家看到积极向上的人是如何逆风前行的。

我们还做了25天的个人品牌特训营，社群成员通过写作、拍摄、社群、直播和短视频打造个人品牌，增加其曝光量，搭建个人的流量池，扩大其事业价值。这些都形成了最直观的结果，使每个人都拥有接入这个时代的能力，这也是我们工作的意义。

在个人品牌特训营的初始阶段，我们带着“命硬私董会”公益社群上了微博热搜数次，微博超话超出了2000万订阅量，简书写作平台有3000+篇学员文章输出，这些都是“命硬私董会”公益社群成员创造出来的成绩。我们起初的愿望仅仅是希望大家可以不荒废宅在家里的时间，对于一些有意义的事情，大家可以学起来、做起来、用起来。

在与这么多社群成员交流和碰撞的过程中，机遇开始产生：在社群的自我介绍环节，大家会发现彼此合作的契机；不同的社群成员开始进行直播，收获了自己的客户；经过一段时间手把手的教学实战，一些社群成员在各大热门社交平台上聚集了自己的粉丝。更重要的是，大家因为这一难忘的共同经历，都拥有了一段深刻而美好的回忆。

在11个人的努力下，靠着心中的指南针，不足百人的社群一步一步地成长为11万人的超级社群，正因利他之心促使了这一切的发生。社群的场域像一粒种子，我们埋下的起心动念便是社群去往的方向。

做好一个群的群主也好，做好一群人的领头羊也罢，我们生活在这个世界上，无时无刻不在与人打交道，要想凝聚和团结更多人的力量来成就一番大业，少不了自建社群，社群内容的焦点集中，又兼具分布式的交流，才能使人才与信息如活水般在社群中流动。

复盘时刻

1. 通过社群一对多的触达方式，以及社群成员转发背后的传播，无论对企业还是对个体来说，都是一次绝佳的品牌塑造良机。

2. 社群凝聚力来源于社群成员共同完成一次又一次的社群活动或任务，共同打造社群故事，彼此之间产生链接，从而形成群体共识和身份认同感。

3. 社群任务就像社群成员关系凝聚的催化剂，不仅使社群成员更加紧密地沟通与交流，还使每位成员在社群中都拥有自己的存在感，找到自己的位置，对社群的参与度自然而然地就会更高。

4. 只要群主身上具有“陪伴”这一温暖特质，就能把社群经营得有声有色。

5. 社群交流的本质是一个人的闲暇时间被其他社群成员的信息“随机填满”，在这个过程中，谁出现的频率高，谁获得的关注度就高，被喜欢的可能性就大。

6. 真正的超级群主，擅于迅速挖掘自己独特的才华，并将其产品化。围绕自身才华，群主可以用六大步骤打造一个好的社群产品，用其完成一对多的高效群体沟通，并且以社群为基础，提升个人名誉和商业价值。

7.群主在成长中遇到的里程碑事件要完全同步分享给社群成员，社群成员会自然产生一种“养成系”群主的快乐。他们看到自己支持的人一步一步地成长，并越来越强大，也会由衷地为之骄傲。

8.超级群主的形成，除需要群主本人从建群、管群、发展群的时候思路清晰外，还需要群主拥有“用一个人和一群人”的智慧，将社群成员的能力用到社群管理中，把每一个人放到合适的位置，通过讲好故事塑造共同的愿景，使一群人奔赴同一个方向，用群体的智慧和力量去取得一个又一个里程碑式的胜利，从而最终创建自己的“商业帝国”。

2

第二章

运营社群，驾驭势来

Introduction

社群班底如何搭建，才能做到可持续运营？
它和公司组织有哪些不同之处和相同之处？
如何打造一个高质量的社群？
关于上述内容有一套组织架构方法论，
可以帮助我们在最大限度上，
开发每一个人和每一个组织的潜力。

第8讲
做好社群，不能唱独角戏

登山家和演讲家艾丽森·莱文认为，在社群的组织管理中，群主或领导者的角色不是简单地下达指令，而是成为连接不同成员的桥梁。他们应该激发团队成员的潜力，促进彼此之间的合作和交流。

任何一个好的社群都离不开团队的共同经营，就像任正非先生说的："一家公司最值钱的不是产品、模式、项目，而是班底！班底才是一家公司的核心竞争力。"

如果我们做一件事失败了，那么导致失败的因素有很多，可能是经验不足、时机不对、不在趋势等，但无论如何，团队不能散，牢固的班底是最为重要的。班底就是不管你做什么事情，永远会有一支团队支撑着你，为你托底。这也是所有团队领导最向往的“梦之队”。

组建一支社群队伍，群主率领社群团队步步为营，在这个过程中会逐渐形成自己的班底，即打造出一支群主自己的“社群梦之队”，“八仙过海，各显神通”。那么，社群需要哪“八仙”呢?

一、群主

群主是指在一个社交平台或网络社群中担任领导角色的人。他们负责管理和组织社群的活动，监督社群成员的行为，维护社群的稳定和发展。群主通常具有良好的沟通能力、组织能力和领导才能，能够有效地引导社群成员参与讨论、分享信息和互相合作。

群主还需要积极解决社群成员间的问题，以及规划和执行社群的发展策略。群主是一个社群的核心人物，起着组织者、引导者和管理者的作用。

二、活动导演

社群的活动导演是指负责规划、策划和组织社群中各种活动的人。他们具有创意和执行能力，能够设计出吸引人的活动内容，并确保活动的顺利进行。活动导演需要与社群成员沟通，了解他们的需求和兴趣，以便为他们提供有价值的活动体验。

活动导演的主要职责有：确定活动目标和主题，策划活动内容和流程，寻找合作伙伴和赞助商，组织活动的执行团队，宣传和推广活动，监督活动的执行过程，收集、反馈和总结活动信息，等等。

三、主持人

社群的主持人是指在一个社交平台或网络社群中负责主持和引导社群活动、讨论与交流的人。他们担任活动的主持人，负责组织和调度社群成员，并促进社群成员积极地交流和互动。

主持人的职责包括但不限于以下内容：引导和调动氛围，组织和安排活动，促进互动和合作，控制讨论的进程和方向，解决争议和纠纷，关注社群的动态和需求。

主持人是一个社群中负责主持和引导各种活动与讨论的重要角色，通过有效的组织和引导，他们为社群成员提供有价值的交流平台，并促进社群的发展和成长。

四、群嘉宾

群嘉宾是指在社交平台或网络群组中受邀参与并发表意见、提供专业知识或分享经验的特邀嘉宾。他们通常是在某个领域具有专业知识、经验或影响力的人士。邀请他们加入群组，既丰富了社群讨论的内容，又为社群成员提供了有价值的信息。

群嘉宾的角色和职责包括：提供专业知识和见解，参与讨论和互动，激发灵感和创造力，提供建议和反馈，增加群组的影响力和吸引力。

五、群管家

社群的群管家是指在一个社交平台或网络社群中负责收集、

整理和分享相关信息的人。他们承担着搜索、筛选和收集社群内外的信息，并将其传达给社群成员，以帮助他们获取有价值的内容和资源的职责。

群管家的职责包含：对信息进行搜索和筛选、整理和归档、分享和传达、跟踪和更新，回答问题和解决疑惑，收集反馈和改进工作等。

六、群侦探

社群的群侦探是指在一个社交平台或网络社群中负责分析社群内外的信息、数据和趋势的专业人士。他们通过深入研究和分析社群成员的互动、内容发布、用户行为等数据，为社群提供有关发展方向、成员需求和市场趋势的洞察与建议。

群侦探的职责包括但不限于以下内容：社群信息的分析和解读，社群报告和可视化呈现，跟踪竞争对手和市场动态，提供思考和建议。

他们通过深入研究和数据分析，为社群提供有价值的洞察和建议，帮助社群更好地发展和成长。

七、气氛官

社群的气氛官是指在一个社交平台或网络社群中负责营造和维护积极、友好氛围的人。他们致力于促进社群成员之间的良性互动和合作，创造使人愉悦和舒适的社群环境。

气氛官的职责包括但不限于以下内容：维护和调节社群氛围，促进积极互动，鼓励合作和互助，关注社群成员的反馈和意见。

通过促进积极互动、维护社群氛围、鼓励合作和互助等方式，他们帮助社群成员享受愉悦的社群氛围，并推动社群的发展和壮大。

八、红包之王

社群的红包之王是指在一个社交平台或网络社群中最擅长发放和管理红包活动的人。他们具有出色的组织能力和创新思维，能够通过红包活动增加社群成员的互动和参与度。

红包之王进行红包的发放和管理，精通红包发放和管理的技巧，能够合理地安排红包的数量、金额和时间，确保公平公正，并根据社群活跃度和贡献度进行差异化奖励。

他们通过创意策划、红包的发放和管理、促进社群互动等方式，增加社群成员的参与度和活跃度，并推动社群的发展和壮大。

通过对社群中这8个重要角色的详细描绘，你是否从中看到了社群成员的影子？对标这些社群角色，你的脑海中是否浮现了你所在社群的某些社群成员？那你一定要牢牢地抓住他们，你的社群班底很有可能就由他们组成。

这些人的挖掘需要自己对人才的敏感度足够高。最开始出现的时候，他们可能并非以自己想要的样子出现，但只要我们围绕人才的特点寻找，我们会发现能力是可迁移的，一个好的人力资源职员，一般会是一个好的群主，因为他懂得如何合理安排人力。所以说，提升原班底运营社群的能力，说不定会给到你意外的惊喜和收获。

第9讲
一边运营一边组队，对的人就在群里

著名领导力专家约翰·C.麦克斯韦尔曾在演讲中强调群体陪伴、主动与优秀的人结队的重要性。他认为，个人可以通过与他人合作和共同成长来实现更大的成功和进步。

他说："一艘船能够带你到安全的港口，但它总是在与其他船舶的共同航行中才能发挥最大的作用。"连船舶都需要成群结队地航行，更何况人呢？社群为我们每个人快速地识别和组队其他优秀人才搭建了舞台。

我们发现，现在许多人想通过组建自己的社群，吸引优秀的人入驻，并在输出价值、陪伴群友的同时实现能力变现。社群前期的建设需要花费很多时间和精力，这一过程也是发现人才的绝佳机会。社群初期的交流很快会形成彼此线上社交的最初印象，随着交流的增多和深入，群主逐渐可以对社群成员进行“筛选和划分”。

筛选是指在社群中物色与群主本人可以建立深度关系的社群成员，即可以与群主直接进行高频率密切沟通的人。群主在与其交流的过程中，可以获得许多社群成员的相关信息，如社群成员的性格、工作、成长背景、婚恋、兴趣、爱好、能力、专业等信息。在线上交流的时候，群主可以根据这些信息判断社群成员的综合水平，并据此为其安排群任务（如组织活动、统计群打卡等），通过他们的事情完成度和细致程度来判断他们的个人能力。

群主要调动社群成员的力量共同经营好一个社群，而非单打独斗地完成社群所有的组织工作，否则，群主不但出力不讨好，还容易受到其他社群成员的误解，社群的活跃度和群主的付出不成正比。与社群成员一起共建社群的群主才是真正的社群领袖。

作为群主的你可能会问：如果自己完全没有时间在建群初期去了解社群中的每一个人，那该怎么办？群主可以通过“事上见人”的方式主动地麻烦在线的社群成员，从请他们帮一个小忙开始，逐渐过渡到让社群成员投入社群工作建设，参与社群工作。

例如，我曾组织社群成员线下聚会，其费用需要每一个人根据各自实际的消费情况分担。这是社群活动中常见的小事，原本我一个人可以完成。但是，我发现社群中有一位做财务管理工作的姐姐，她是一个很安静的人，比较慢热，在线下聚会的时候话也不多。回到家以后，我通过群聊主动添加了她的微信，她通过后给我发了一朵“鲜花”的表情包，通过保守表情包我猜测她的年龄比我想象得要大，而且她是一位保守、传统的大姐姐。

我主动问候后，就开始请教这位姐姐能否帮忙整理一下这次聚会的消费票据和每个人需要支付的费用。她立刻非常惊喜地表示，这对于她来说就是一件小事，能帮上大家的忙真是太荣幸了。不到10分钟，她就根据聚会的消费单据计算出了每个人需要支付的金额，她发给我的表格做得一丝不苟，清晰明了。

我立刻表示：“找你真是找对了！不然靠我自己真的是够头疼的。”她紧接着回复道：“哈哈哈，以后群里再有这种事情时你可以找我，这对于我们做财务的人来说很简单。”我赶紧连发3个表情包和一个红包表达自己的感激之情。

在社群场域中拥有了一定的安全感后，大部分的社群成员非常愿意给予社群其能力范围内的帮助，以支持整个社群的运行。群主用社群成员自身的能力完善社群的运营，善用社群成员的能力让他们各司其职，激发他们在社群中主动付出的精神，把个人才华和能力加以展示，是放大个人影响力的方式。

群主可以通过了解社群成员背景，尽可能调动更多的社群成员参与社群工作。群主做好陪伴和挖掘的角色，不能以一个“超级专家”的形象与社群成员沟通，要激发更多的社群成员分享自己的专业知识和技能，形成互相帮助、共同维护社群的氛围。

第10讲
慧眼识群，找对社群风向标

识别社群类型、懂群感，对不同的社群类型有稳定而真实的感知，是一项特别值得修炼的硬核技能。这个时代，从一个人的职场竞争力、带团队能力和组织协调能力，就可以判断其能否将一个社群运营得风生水起、能否最大限度地调动群体的势能。

不同的社群有不同的社群组织架构。例如，社群成员聚集越多、活跃度越高的地方，那里一定是事业发展蓬勃和业务需求量大的地方；又如，通过社群管理机制来判断公司中层干部的储备和发展情况，以及了解公司的员工换血频率和晋升空间。

一、六类社群组织

以下罗列了六类社群组织架构，如果你从事这些行业，或者身处这些社群之中，那么以下内容将有助于你更好地管理一个社群。

1. 商会型社群组织架构

商会型社群组织架构的主体可分为两大部分：一部分为面向商会会员单位的组织机构，另一部分为负责内部组织管理和会员服务的办事机构。组织机构可设执行委员会、监事会、理事会。执行委员会依据商会业务设置专门的项目对接、投融资、战略规划等部门；办事机构主要负责会员单位具体业务的办理和内部的组织管理，并据此来设置岗位。为了扩大社群的影响力，行业内比较有影响力的人会被邀请担任名誉会长或副会长。

商会型社群组织架构的特点在于将责任、权利、荣誉三者进行区分，其目的是吸引更多的资源进入商会中。对于商会来说，最重要的是有谁在，在什么岗位上，能否通过这个人撬动其背后的资源，这是商会发展过程中最为重要的事情。社会上有些商会的社会名誉非常耀眼，它们可以吸引很多人加入，也会经常组织大型的活动和商务合作，商会的每一位会员都能在其平台上找到自己的位置。

任何组织的最高领导者一定是该组织最核心的人物，这在商会中尤为突出，会长是谁，会长与什么人是朋友，会长出席什么活动，会长是否具备强大的商业运作能力，会长自己的企业实力与资金实力如何，会长支持了哪些会员的发展等，这些问题都与会长如何带动商会的发展密切相关，但会长一个人的能力也是非常有限的。所以在商会型社群中，通常会加入更多有身份、有背景、有权势的人物。会长具有很强的组队能力，跟着会长发展的商会成员一定不会差。商会还有荣誉顾问、常务主席、监事会等，但他们中的大多数人是商会招募更多会员的“金字招牌”，更像坐镇商会的“镇会之宝”。

商会型社群的办事机构负责组织活动、处理会员的日常需求、对接大家的商业合作等工作。

判断一个商会型社群的含金量及其资源的丰富程度，往往看其组织架构的复杂性与加入其中的人能带来的价值程度。商会型社群最大的价值是发起者和管理层的圈层与背景，只要这个条件的含金量足够高，社群规模大小都无关紧要，发起者的名字与背景足以吸引众多资源与人才的涌入。

2.学习型社群组织架构

学习型社群通常设有带班主任、营长等运营岗位，由他们统筹整个训练营学员的学习，了解各组学员的情况，进行课程的转化等。营长决定了学习型社群的氛围和体验，其作用非常关键。学习型社群还应设立小组长，更加细化地督促学员的作业打卡、课外活动，使学员得到更好的学习效果。营长、组长要不断地邀请学员一起参与学习过程的运营，引导一部分学员影响另一部分学员，扩大训练营的组织效果。

学习型社群最为显著的特点是围绕课程服务和课程进度进行组织，其组织架构甚至会随着课程的内容和进度而发生变化，所有客户即学员需要及时反馈才能获得更好的学习体验和心理感受。

如果没有社群中的导师、助教、营长、班长等运营团队的陪伴，那么这种学习就成了自学，自学是独立学习的过程，不会与人和社群打交道。但是“教育课程+社群”最大的优势就在于，社群成员学完以后即刻可以应用，并从其他社群成员那里获得反馈。学习型社群促进知识付费的发展，它也是最常见和应用最广的一种社群形式。

3. 活动型社群组织架构

活动型社群组织架构主要围绕组织大型的线下活动来搭架。它分为活动前的筹备、活动现场的运作、活动后的收尾三部分，参与人员一般为同一套社群班底。

活动前的筹备包含制订活动流程方案、节目彩排、赞助招商、宣发、活动物料准备等；活动现场运作的团队成员有主持人以及灯光音响、摄影摄像、会场服务等专岗专设人员；活动后收尾的工作也很关键，要进行影视文案的媒体报道、各类设备和资料的整理、活动复盘等。

活动型社群组织架构大多数是周期性的，可能是一个季度，也可能是一个月，甚至可能是一周，活动结束后，活动型社群组织架构就会过时。这种类型的组织架构区别于其他类型的组织架构，它是灵活的，更是随机的，哪里需要人，人就去哪里。

活动型社群组织架构具有灵活性，每次活动组织周期分为活动前、中、后三个阶段，根据活动的时间顺序可以推演其组织结构，但其核心人物是活动的总导演或总指挥，他们全面负责策划和组织活动及人员的分工。

4. 主题型社群组织架构

主题型社群组织架构根据主题发起人的需求，以及围绕主题开展活动的具体事项来设置。主题发起人一般为此领域比较出色的人，在他们发起和运营社群的过程中，会不断地通过活动发现并邀请群内愿意付出、积极活跃的社群成员参与社群的运营，主要工作有活动组织、社群信息、群氛围的维护、组织活动打卡和媒体运营等。

主题型社群有一个非常明确的主题，每个角色都围绕主题来开展工作。和活动型社群的相似点在于，二者都是基于事情的组织架构规划。社群成员通常有相同的兴趣爱好，如阅读、跑步、瑜伽等；他们可能学习某项专业知识，如国学、建筑设计、计算机应用等，主题型社群其主题可以非常广泛。社群发起人要对这个主题研究得比较深入或擅长，在主题发起后，有更多人响应并加入社群，围绕主题开展相关的活动。

在发起之初，主题型社群一般以公益分享为主，吸引更多人参与进来，当其具有一定的影响力后，因价值提供和团队运营成本等因素，该类型社群可以变成付费盈利型社群。当其组织架构步入成熟期，它大概率还会演变成为企业组织架构，这种演变是为了组织架构的人员稳定，可持续为某个项目发力，不会因为人员流失严重而难以为继。

5. 临时型社群组织架构

临时型社群组织架构更加注重快速组建，在社群功能履行完成后该社群便解散。

这种类型的组织架构一般应用于营销快闪类的社群。在群主（产品销售方）的主导下，向潜在社群成员一对一地推送信息、发布朋友圈文案、登记意向社群成员并筹备建群。在营销过程中，专人负责活动预热、游戏红包雨等活动，使社群成员不断地活跃起来。

临时型社群组织在开展活动前，要和潜在社群成员打好招呼；在活动中，潜在社群成员要以消费者的身份分享产品使用体验或晒单接龙，不断地激发其他社群成员的购买欲，其中伴随着商家的福利赠送等来完成促单和逼单。这种群发售模式在任务完成后，即解散社群，主办方可在临时社群解散后的合适时间再进行一对一的私聊追单。

临时型社群组织架构极其考验组织者的协调能力，在短时间内密集的工作不仅需要人为操作，还需要机器人、辅助工具的配合，临时型社群组织架构需要“人与自动化机器”。

临时型社群组织架构的进化，也是未来众多的社群组织架构进化的必经之路，它更接近人与自动化机器协作的数字化办公方式。现在越来越多成熟的社群团队也会根据社群的功能来进行临时建群，如招商社群、快闪社群，这些都是临时群聊，当目的达成时，社群运营的使命也随之结束了。

6.公益型社群组织架构

公益型社群组织架构要体现社群的公益性、民主性和专业性，会设置统筹管理会员单位的理事会。理事会成员即该社群的客户群体，其工作职责包括公益捐助、救助、对外联络，以及财务、人事、综合管理和公益基金管理等。

公益型社群常见于医疗、自然灾害、贫困地区儿童救助等领域，这类社群经常会由名人、明星或在该领域有权威性的人士发起，比如，李连杰发起的壹基金、韩红发起的韩红爱心慈善基金会等。

公益型社群因救助对象不同，会对接不同的救助资源，比如，为贫困地区招募老师，募集书包、书籍、学习用品、教具等，并为其设置相对应的项目事业部。理事会会员单位是公益组织募捐的主体，他们以慈善的形式，在回馈社会的同时，宣传企业和个人的正面形象。职能机构的秘书处是处理会员单位、救助群体、内部运营的主体，它会因公益型社群属性的不同而不同。

总而言之，社群用人是一件非常体现社群组织者智慧的事，将什么类型和特质的人放在什么样的岗位，怎样能将一个人的才华发挥到极致，如何布局好身边人以进一步开发他们的潜能，这些问题要根据社群的组织架构进行合理的规划。好的组织者懂得如何擅用每个积极的社群成员。

六类社群组织架构

社群是形成组织架构的基础，没有社群就无法形成以人为中心的圈层、组织、单位等。不论你是社群运营者，还是企业管理者，抑或职场人，我们都无法避免地进入各种功能、类型的社群。社群也会赋予我们各式各样的身份或者角色，也是为了让一个人更好、更快地融入一个社群，成为一个合群的人。

二、群感四象限

群感，就像语感、乐感一样是需要练习的，我们在入群伊始就能快速地感知社群的群体氛围和社群语言，入群后的价值呈现能力是需要刻意练习的。

人们很难区分每个社群的差异化，社群成员的交流方式和过程千变万化，这种变化多源于社群成员在交流过程中产生的信息与情绪，人们通过信息捕捉利益关系，通过情绪察觉情感的变化。利益与情感将群感分成四个象限，具象地表达了社群与社群之间最大的差异。

群感四象限

1. 第一象限：高情感、高利益型社群

高情感、高利益型社群，是所有群主都梦寐以求的社群类型，该类型社群的自运转能力十分强，社群成员对群主和群主所提出的社群话题有着高度的认同感，社群成员拥有强烈的共识，这些会促使社群成员之间拥有极其密切的情感关系，社群成员之间更容易形成核心利益，这是社群最美好且最终的形态。

对于这样的社群，群主最大的作用是让社群持续发展，而不是阶段性集中爆发高情感和高利益的关系，群主要有可持续的意识，使社群成员处于“恒温”交流的状态。比如，合伙人社群、会员社群、有连带责任关系的销售社群等可能就是高情感、高利益的社群，社群成员基于“相信”的原则，共同开展一份认同度很高的事业，并使彼此之间产生了情感和利益的捆绑，这样的社群能越走越远，越来越稳固。

2. 第二象限：低情感、高利益型社群

低情感、高利益型社群最大的特点是社群成员在利益关

系维持的过程中，社群成员的活跃度很高，但是彼此之间缺乏情感链接，忠诚度很低，彼此之间关系非常脆弱，甚至在利益关系结束后，社群场域也会支离破碎，社群出现难以修复的裂痕。

例如，在客户群里，我们经常看到客户挑剔服务方提供的产品、内容等，客户用手机截屏、合并发送聊天记录等方式，将社群信息外流，使其他消费者断章取义，如果服务方的社群没有组建好，那么很容易出现消费者从最初跟随到最后离开的情况，给品牌带来负面的影响。如何组建好一个社群，如何做好社群的舆论风险控制，让社群成员对社群分享有敬畏之心，而非想说什么就说什么，避免群主在社群中陷入难堪的境地，这些内容在本书后续章节中均有介绍。

低情感、高利益型社群另一个明显特征是，利益捆绑的紧密程度与社群的稳定性成正比，利益关系越紧密，社群成员之间的情感关系就越高，从而有可能使该社群成为高情感、高利益型社群。

3. 第三象限：低情感、低利益型社群

低情感、低利益型社群的特征为社群成员沉默不语，社群氛围云淡风轻。社群中的交流以群公告和群通知为主，很难见到社群成员的真情流露，甚至在很多时候该社群因缺少人情味而使人不自觉地产生生疏感。机关单位的社群或者商会、协会的社群多属于这一类型，社群成员多因身份与社交的需求，一般不会主动去交流、去打破社群的平衡。

要想改变这样的社群，必须在利益或情感中选择一方进行破局。要么在利益上下功夫，让每一位社群成员共同完成一个事情、任务、项目等，以促进彼此间的了解；要么在情感上投入，多组织户外活动，使社群成员有更多相处的机会，多一些商务客套以外的人情味等。

对低情感、低利益型社群，社群成员往往产生两种较为极端的心态：一种是望而生畏，敬仰权威组织；另一种是忽视其存在，忘却社群。

4. 第四象限：高情感、低利益型社群

高情感、低利益型社群的成员会自主组织社群活动，社群成员对某种信念或某个特定的关系有着高度的共识和约定，他们用行动和交流来表达："这群人对我来说很重要！"

在历史发展的长河里，社会文明使我们对一些制度和文化完全臣服，人们甚至可以不假思索地相信，不需要重复解释彼此之间的关系，也能形成具有身份默契的高情感、高认同、高共识的"三高"社群成员。

比如，建立一个家族微信群，微信群的群主一定是家族中的某个成员，其他家族成员在加入这个社群的时候会怀有天然的信任感。"天然相信"根基于这样的社群场域，因此形成了非常多的宗族、帮派、商派的文化认同。

在中国快速发展的40多年中，有非常多的大企业起步于家族小企业，这种强关系的初始团队，凭借"天然相信"的力量，全力以赴为家族企业争夺更多的外围资源，没有任何内忧。甚至某一位家族成员在抢夺了头部资源后，会将资源分享给其余的家族

成员，其家族的每一个人都是这个产业链上不可或缺的一环，环环相扣，进而形成创造财富的利益链。

在高情感、低利益型社群中，有家族社群、宗教社群、同学社群、战友社群。在建立社群初期，这种特定关系的信任场域使社群成员之间有着天然的好感与信任。

无论我们正在发展群感四象限中的哪类社群，我们都希望社群成员可以合拍、合群，拥有着良性关系、可持续发展。

第11讲
建群常见的四大问题

著名的社交媒体影响者和身体正能量活动家梅根·简·克拉布曾在社交媒体上说："构建社群是创造一个让人们感到被重视、被倾听和得到支持的空间。"

社群作为私域流量的运营工具和载体，受到越来越多的企业和个人的重视，他们开始搭建属于自己的社群，渴望通过社群传递产品与服务，孵化潜在客户。

但是许多企业或运营者在搭建社群时，既没有设置有效的入群机制，也没有对社群进行定位，仅盲目地拉群，许多人进入社群时不知道这个群是做什么的，刚刚搭建起来的社群很快成为一潭死水，观望者众多。

从运营的主体和性质的差异来看，社群大致可以分为兴趣型社群、产品型社群、品牌型社群、知识型社群和工具型社群等。在不同的行业和领域，虽然建群的目的、运营的方式、实现的功能都不一样，但根本问题是流量的拉新、留存或变现。建群是社群健康运营至关重要的第一个环节。

你所在的微信群是什么样子？如果你是群主，你的群是怎么运行的？出现过哪些问题？想建立社群或者已经有了社群的朋友，如果你希望自己的社群能够吸引同频的朋友或用户，并通过社群提高自己产品的转化率，那么做好建立社群前的规划是你必做的功课。

很多公司和个体的社群运营者虽然想快速组建社群，但经常会受到各种阻碍，导致社群组建起来之后，运营效果不佳，下面介绍建群经常遇到的四大问题，供大家参考。

一、建群前，想清楚社群的目的和定位

我们在建群前要思考建群的最终目的是什么。很多人可能没有思考过这个问题，在没有想清楚自己建立社群的目的和定位之前，

就开始盲目地建群。如果建群的目的是让大家购买你的产品，那你就把建群的路径变得短一些，让事情变得更简单，并让彼此间更快地建立起信任关系。你可能并不是为了下单转化建群，而是为了提高产品的口碑，获得更好的品牌效应与更精准的流量黏性，以及了解核心用户的需求。

如果你想建立商业化社群，在建群之前，你可以将如何建立信任、对社群成员进行有效的市场教育、引导产品下单和服务交付这四个流程进行标准作业程序（Standard Operating Procedure,SOP）。当所有的内容、定位、规划都围绕这四点产生时，你就能想清楚自己的社群真正需要什么样的内容来支撑。

以我们做过的学习型传播社群为例，在做这个社群之前，我们用心做了一张关于开营的流程海报，在这张海报上，我们详细地罗列了每个时间节点，以及每个时间节点的内容，来方便参与者更好地展示自己。例如，参与者班主任，她会讲她的角色定位，宣布群规及分享的内容。另外，学员的自我介绍和展示可以激发社群成员积极参与互动和分享，调动氛围，使进群的人都能感受到这个群的温度和能量。

在建群之前，先给群做一个定位，进群的无论新朋友还是老朋友，都能更方便其了解建群的初衷，让其明白原来这个社群是学习型成长的社群，能在这样的群里收获什么，拓展哪些内容，以及自己的分享应该如何去更好地了解和影响每一位社群成员。

二、做好社群内容和调性的规划

许多群主在建群时缺乏对社群内容和调性的规划，这一点听起来比较抽象，难以把握。我们需要策划好每一场内容，就如同跟用户谈一场有节奏的大型“网恋”，如果我们用恋爱的心态跟群友用心交流，那么就能使社群成员对我们的社群产生依赖感。这一过程可以分解成6个小的SOP：制订群规、设计内容、产品输出、价值观呈现、做好互动和提供增值服务。

我们需要在尽可能短的时间内让用户、身边的朋友知道我们以及我们在做的事情，唯有输出优质的内容才能降低沟通的难度和沟通的成本。

三、做好社群成员的组织规划

社群成员通常可以分为四类：社群意见领袖或知识专家（Key Opinion Leader, KOL）、核心用户（Key Opinion Consumer, KOC）、运营团队，以及默默观望的普通成员。

在社群中，KOL只是小部分人，如果没有KOL，那么我们需要去挖掘非常活跃的用户；KOL的作用是带动整个社群的积极性和活跃度，KOC可以提升成为KOL。

运营团队应积极地回复群主的问题，带动社群的氛围，避免社群冷场，提前做好准备，预选社群成员为社群营造氛围。普通成员是社群中基数最大的部分，KOL、KOC、运营团队也需要从普通成员中挖掘。

在社群运营期间，临时找外援人员作为KOL、KOC、运营团队并不是不好，但从建群就一直跟着社群成长的人群中选拔和培养这三类群体，一定是最优方案，他们更加明白这个社群的价值观，更能在社群中充分发挥作用，他们与社群、群主的故事更多，能够更深刻地影响其他人。

四、做好社群激励和价值观呈现

价值分为产品价值、物质价值和精神激励三种。产品价值不仅是群主在社群中展示产品，社群成员也能在社群中展示产品，从而产生资源的上游、下游、中台的合作和资源整合。群主为社群成员的产品发声，为他们寻找匹配需求的产品服务。让群里每个人的产品都有机会展示，从而调动了大家的主观能动性。

作为物质价值，群主可以不定时地送一些优惠券、福利，甚至产品、试用装以及新品作为线下的体验。比如，我在开始线上课程宣讲时，会结合一些个人品牌诊断、一对一咨询、方案陪跑等服务配套做交付，让客户、学员的体验感更好。

在运营过程中，我们要对社群的贡献者，如社群管理、社群活跃分子、积极分子进行情绪价值和物质价值上的奖励。对相信、支持我们并为我们发声的人，给予特殊福利，这其实并不难。我在一个团队训练营结营的时候，会对班级的班委、顾问天团进行特殊奖励，如表彰性的寄语、记录他们在社群活动中精彩瞬间的定制纪念品及有纪念意义的物品等，通过这些认可他们为社群的付出。如果有的社群成员不断地购买你的产品，那么你在私下一定要多给他们一些“偏爱”。

建群常见四大问题

一个好的社群，群主要善于培养社群成员具有共同目标，做好社群管理的组织和规划。一个人管理一个社群是相当累的，尤其是当社群成员超过50人时，有的社群成员甚至达到四五百人，管理更加麻烦。一个大群需要详细的人员规划和管理，如果缺少社群管理的角色，没有清晰的职责划分，各自为战，每个人都想从这个群中获得利己的福利，如将自家产品的广告转发到群里，那么会导致高质量的社群成员逐渐离开，这是社群运营中特别常见的问题。

第12讲
入群的小心思

当看到这个主题时，你不妨回顾一下，你加入的社群是通过什么方式加入的？是不是满怀着期待和惊喜加入的？后来都怎么样了？

我们进入社群的方式有很多种，各类学习群通过课程报名即可入群；现场活动群输入同一口令密码入群；朋友圈、贴吧、论坛裂变入群，或者一个群码配一段文字入群；线下店面消费、线上App送福利入群。在加入社群之前，你是否认真思考过这个社群能给你带来什么？你会在这个社群里做什么呢？

群主应做好社群成员进入社群前的预期值管理，使其能更好地在入群后收获他们想要的价值，我们可以从以下几个方面来思考。

第一，对群主进行定位，可以通过时间、规模、思考、服务对象四个维度去定位。

决定社群成员对一个社群态度的重要因素是群主的社会地位、专业度和影响力。影响力很大的人不会轻易建群，其社群都是由团队成员搭建的，他们会用微信小号或平台号在社群里分享，这样的社群能给加入的社群成员带来一定的期待。

大多数对群主不了解的人，对群主的初印象是通过群主的自我介绍、朋友圈分享的内容、微信头像、标签以及与其交流时的谈吐等留下的。

群主的专业知识背景、兴趣爱好、性格特质决定其圈子的人群构成，这也意味着，你加入一位群主搭建的社群，就相当于打开了另外一扇人生的大门。

第二，从邀约方式上去分辨：你是否是群主私信邀约进群的成员；群主邀约你入群的目的是想让你为其站台，做分享嘉宾，还是群主搭建了一个好物分享群，拉你进群凑人数。

我们经常看到有些人对社群的使用不是很熟悉，也不知道在什么时候、什么场合加社群好友，明明是已经很久没有互动过，当自己想建群了，就将入群链接甩给了这样的微信好友，这是最低效的人群方式，如此建立的社群也是质量最低的社群。

通过上述方式建立的社群，不管群主想卖产品，还是基于彼此兴趣爱好相同，对这个社群，你最好不要有太高的期待。群主这样随意地拉你进入社群，反映出他不重视建群这件事，你在其心中只不过是个路人甲而已。试想一下，谁会对自己心中重要的人无缘无故甩过去一个入群链接呢？

我们应该重视那些一对一并说明意图的社群邀约，首先证明你是对方重视的人，其次说明这个群是什么类型的社群，即使未来该社群有付费裂变的可能，最起码前期社群分享的内容是值得期待的。

第三，入群后如何快速吸引他人，化被动为主动。我们进入一个社群，核心目的有两个：吸收群内分享的精华内容，链接可能成为朋友或合作伙伴的群友。

我们主动吸引关注比瞒着群主私加社群成员更能体现自己的魅力和价值。入群后，我们可以发一个红包，在群规允许的情况下，做个自我介绍，几乎没有人会对红包视而不见，如果自我介绍和互动出彩，并引起一波关注，那么会有人主动来链接你。

别人主动来链接你，其实潜台词就是对方想先认识你，向你学习，无形中你占据了一定的社交优势。

第四，用朋友圈和社群进行内容分享，做好品牌建设。我不得不说一句非常实在和扎心的话："绝大部分人，进入一个社群是抱着索取的心态的。"大家不愿意占用时间和精力输出有质量的内容，而是渴望坐享其成，在群里得到自己认为有价值的内容。

但真正优质的人脉和社群不是从天而降的。我们首先要做的就是进行心态上的调整，变先索取为先付出。用付出的方式去获得，用帮人的方式去求人。当你为别人付出多了，当你有事情或有产品分享时，不用刻意推销，很多人就会为你曾经的付出去买单。

在社群中，分析群体共性，找到热门话题建立交流，设计自己在群里的内容输出，是非常重要的内容。你在社群里的每一次发言，都在建立自己在他人心目中的品牌。

第五，学会观群型、懂群感。当我们见过足够多的社群类型，就会慢慢地清楚：什么样的社群是自己应该加入的；什么样的社群是获取知识的；什么样的社群是链接资源和人脉的；什么样的社群必然会沦为“僵尸群”……我们了解社群的发展趋势，对自身在社群中的成长非常重要。

我们可以从群愿景、群规则、入群门槛、群活动、群福利等不同维度去分析、辨别社群的类型，再甄选好的社群加入。群主的建群动机是什么？是卖货、是分享、是链接，还是基于共同的兴趣爱好？我们加入社群是为了满足什么需要？是工作需要、学习需要、链接需要、交友需要，还是卖自己的产品需要？

从入群门槛上判断是否应该加入一个社群：是付费邀请制，还是身份条件制，如必须是总经理、公司高管才能入的群；是产品购买制，还是资产验资制……门槛越高的群，代表社群成员的质量越高。

一个社群在入群阶段设置的筛选门槛越高，社群成员流失率反而越低。如果不设任何入群门槛，当新的社群成员不断涌入社群时，社群成员的质量就无法保证，最终将导致“劣币驱赶良币”，造成高质量的社群成员流失。

建群 vs 入群的小心思

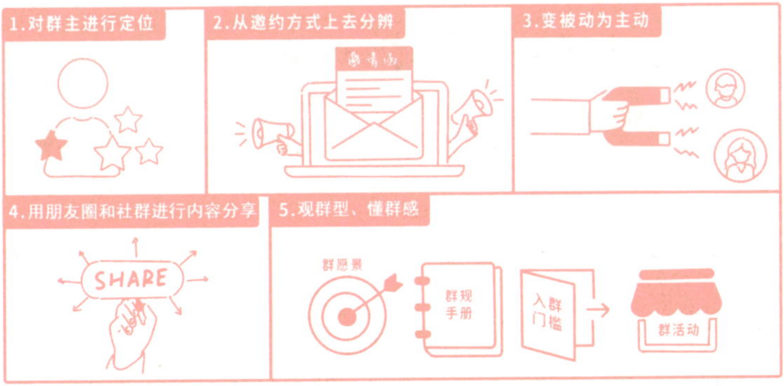

群活动、群福利基本是由群里的成员提供的，如果群里举办的活动、发放的群福利很高级，那意味着这个群确实是由非常优质的社群成员构成的。

第13讲 邀约高质量群员的四部曲

在私域流量概念兴起后，很多品牌基于自家产品和用户搭建社群，如今每个人都可以做群主。微信群的搭建几乎零成本，只要动动手指，操作一下手机，几分钟之内就能完成一个几十人甚至上百人的社群搭建。

我们明显感觉到，社群越来越多，但社群的活跃度却越来越低，很多社群最后沦为各种广告群，甚至无人问津的“死群”。群主也无可奈何，只能眼睁睁地看着自己曾经满腔热血搭建的社群归于沉寂。

打造一个高质量的社群其实有一套方法论。如果你想建立一个长期活跃的社群，那么最初进入这个社群的成员必须经过精挑细选，杜绝随意地、没有任何门槛地、不分职业身份地就往群里拉的现象，这样做基本注定了这个群的不济命运。有步骤、有节奏地为建立一个高质量的社群做好规划至关重要。

一、把好入群关，找到社群起量最重要的50个人

在辅导我的客户进行社群组织和管理的时候，我们把第一批入群的人数设定为20~50人。

为什么设定的人数是20~50人，不是100人，也不是300人，更不是500人呢？那是因为我们要的是精准的社群成员，同时较少的人数便于更好地测试和跑通社群运转的模式，切忌贪多图大。第一批邀请进群的20~50人，他们与你有非常紧密的关系，能够无条件地支持你，他们像播种机和星星之火，成为与你并肩作战的社群运营的起盘成员。

50位社群起盘成员可以分成以下五类。

第一类：其他群的群友或网友。细心的朋友或在微信生态上做过生意的朋友可能会发现，最初买你产品的人，并不一定是你

身边的朋友，而是可能在社群中跟你相识但不那么熟悉的人，他们更加关注你平时与其交流所表达的内容，反而更加容易相信你，你可以试着通过别人的社群去发现志同道合的朋友。

第二类：单位同事。在单位里找到认可你的人，有利于你的升职和加薪。在建群之前，你不妨找到同事，甚至老板，邀请他们成为你社群的一员，千万不要担心他们会觉得你不务正业。如果在社群里你推荐的东西是你公司的产品，或者你利用业余时间销售很不错的产品，因为你的积极向上和对社群营销的研究，你的领导和同事会更加重视你。

第三类：点赞之友。找到经常点赞你朋友圈的人，把他们的名单列出来去私聊，让他们进入你的社群中，为你的知识或产品支付小小的费用，如9元、19元或几十元、几百元，但你需要能提供等值的服务内容。

第四类：家人、亲戚等。有些朋友可能不好意思邀请自己的爸妈加入自己的社群，你可以邀请你的亲戚、朋友，甚至你的干妈、干爹加入你的社群，他们会成为你群里的核心成员。有家人的支持，再获得朋友的支持，你会更加有力地去打造个人IP。

我的家人、亲朋好友都在我之前做的社群里，与家人保持事业的同频，既减少了解释自己正在做什么事情的时间成本，又获得了家人、亲戚的支持，可谓一举两得。

第五类：同学或朋友。把你认为会支持你的同学或朋友的名单列出来，尝试让他们为你的产品付费。大多数人无法感知自己与同学、朋友之间关系的深浅，通过邀请入群和付费入群这样的小门槛，就可以判断对方是否支持你。

二、做好朋友圈铺垫，为微信好友提供价值

我一直特别相信微信中的偶遇会展开一段奇妙的缘分，所以只要我加了一个人的微信，是很少主动拉黑对方的。我现在团队的成员全部是在过去的社群里偶遇的，可能彼此好几年都没有太多互动，但突然因为一个话题、一场活动，大家从天南海北聚到一起，成为很好的朋友或事业上的合作伙伴。

主动地设计如何发好一个朋友圈，引起我关心的人的注意。在组建一个社群前，我们不妨在朋友圈里做做文章，把那些为自己点赞和评论的人当作邀请入群的备选对象。

在你的朋友圈文案中可以呈现想组建社群的想法，记录原先的状态和现在的变化，把朋友圈当成个人成长的直播间，你的朋友圈只有记录下你的变化，才能让别人看到你的变化。通过自己朋友圈的文案、图片、视频的展示，给别人带来生活、工作、学习的启迪，这就是给微信好友提供的情绪价值、审美价值、故事价值、学习价值，以及个人成长的变化价值。在朋友圈中做好每条文案、每张图片、每件人生里程碑事件的内容呈现，使朋友圈成为你成长的见证。

三、一定要用付费筛选第一批进群的成员

家人、亲戚、同学、朋友，难道让他们成为付费人群吗？答案是确定的。付费是最好的支持，我们需要亲人、朋友的支持，并用付费的方式投出他们认可你的一票。我们一定要让家人、朋友知道我们的价值。哪怕他们只是付了几元、几十元，都是对你做这件事情的价值的认可，他们因为付费而更加重视这个社群，愿意投入更多的时间和精力参与社群的互动。

四、设置入群时限，营造火爆的入群氛围

不论你的亲人、同学、朋友，还是其他社群认识的网友，进入你的个人社群，请给他们一个入群时限，在发出群的二维码邀请后，一定要将你的群二维码设定一个限时进入时段，如晚上8：00发入群二维码邀请，第二天中午12：00截止，如果能提前截止更好。你可以将提前截止入群的数据罗列出来，截图发到朋友圈，告诉大家入群二维码邀请已经截止了，营造火爆入群的氛围。

你会发现群内的人非常好奇，想知道这个群还有谁。第一批高质量的社群成员，将成为你在社群运营中的第一批支持者和得力助手。

高质量群员邀约四部曲

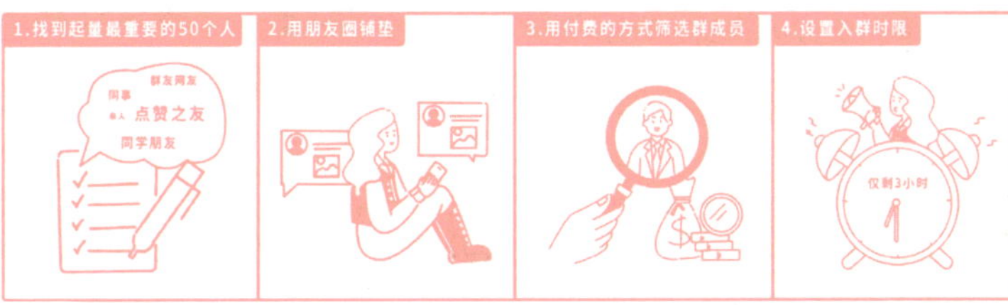

第14讲
让群成员自愿为社群背书

世界级“嬉皮士资本家”、英国维珍集团创始人理查德·布兰森说：“如果你能在社群中创造一个积极和包容的环境，让每个个体都感到被重视，那么他们自然会为你的社群背书和推广。”

作为群主，你做的每一件事情都会被社群里的人看到，信任背书就是在日常交往中逐渐积累起来的。要想得到更多社群成员的认可，或想推广自己和自己的产品，你需要持续地在社群中得到社群成员的支持。下面五个方面是你主动地获得信任背书的方式。

一、为刚认识的群友建立档案

微信界面有群聊、标签、公众号，标签又有备注的标签。每新添加一位群友，我会对其进行标签分类，如从不同的组织、不同的群及从不同的产品添加的朋友，标注每位社群成员的渠道来源，方便下一次跟他们沟通。

我习惯与第一次见面的人合影并将此照片作为与其聊天的背景，这样在下次见面时其容貌及与之相关的事情会浮现出来；如果知道对方的生日，那么我会把日期备注在其名字后面，便于我在其生日时送上祝福，给朋友以惊喜。

我会把每位微信用户的年龄段、性格、工作、婚姻、特长、爱好，甚至饮食习惯等都记录下来，也会记录一些与之相关的特别场景。例如，我记录了我跟好朋友若冰敞开心扉聊到凌晨3:00，这是我们的第一次聊天。我和若冰的共同群聊有300个，我完全知道我们共同的兴趣点。从某种程度上你和老板共同的群聊越多，说明你越受重视；你和朋友共同的群聊越多，说明你们的交集越多。

你一定有很多朋友来自社群，在之后的聊天中你会给朋友建立好档案，当你们熟悉后，朋友一定会因为你记住他们那么多标签信息而感受到你对他们的用心和尊重。

二、给予特殊待遇

我曾组建过一位老师的线上分享社群，我在朋友圈发了一条信息，让微信好友在评论区回复数字1，再把参与评论的52个人邀请到分享社群。操作过程非常简单，52个人的群非常容易地建起来了，这让加入社群的人感觉作为我的朋友他们得到了特殊的待遇。

朋友圈的内容要体现你拥有哪些资源。例如，我一位好友的朋友圈经常分享不同课程的测评，被称为“朋友圈的课代表”。他超级爱学习，市面上的很多课程他都去听、去学，他偶尔也会帮他人推广一些课程，从他的朋友圈能看出哪些课程最近比较火，他朋友圈里的人，如果有学习提升的需要自然会想到他。

三、修炼朋友化气质

如果你想在社群里分享好物或卖点产品，你怎么能做到朋友化气质呢？即像一位好朋友在分享，而不是像销售员在推销。

如果一个人总在社群或朋友圈里非常生硬地群发消息，整整齐齐的大段文字一看就是群发，这样转化率一定是极低的。如果你分享的内容能帮助别人解决问题，或者第三方使用后可以真情实感不浮夸地正向反馈，这些内容更会触动大家，因为你发自内心希望别人因你而变得更好。

在你卖东西、想成交时，用非常亲切地、你平时与人交往的方式，不要平时不联系，到掏钱时才找到别人，那样即使你的产品再好，别人也很难买单，因为他人没有感受到你把他当朋友。

普通的、日常中不经意的关心是让人感觉最有温度的。深度关系的维护是在日常交往中建立的，而不是刻意、过意或用力过猛为之。

对待朋友的感情不可标准化，交往方式也不可标准化，我们同时要在话语中、字里行间去体现我们并没有把这件事情当作一件标准化的事情，你的文字标准化了就会使人感觉你不够有诚意。非标准化的话术一定要基于情感以及具体原因具体分析这个层面，大家可以去设想产品的成交话术怎样才能更加完善。在我们的表达中，可以试着加入自己过往的成绩，以及链接的需求和目的，让对方清晰知道你可以提供什么价值和你需要对方提供什么价值。

四、建立超级用户小圈

建立小圈是为了更好地服务超级用户。超级用户是那些无条件为你付费，并且非常信任你的人，是你的铁粉、铁杆支持者和天使级用户。对于这些超级用户我们要尽自己最大的能量为他们创造价值，为他们建立专属的小圈，并给予其特殊的超值服务。

超级用户是陪伴、见证我们成长的非常重要的角色；去激活他们，并让他们成为我们新用户的转介绍中心，是提高转化率极其重要的一环。

五、打造自己的一门小课

提及“课程”，多数人的初步印象便是知识的灌输。然而，一门通识课程的意义远不止于此，它更是个人或企业品牌与文化的展示窗口。

要成为一名出色的群主，必须精通打造一门精致小课的艺术。

这门小课将成为群主与群成员之间建立共识的桥梁。这一共识的基石在于群主能够系统、成熟、逻辑清晰地将自己的知识体系梳理成一门课程。

这样的小课，通常包含3至10节，每节时长控制在5至10分钟，确保每句话都能精准抓住浏览者的注意力。课程内容需巧妙融入社群价值、群主价值、共同愿景等元素，甚至在社群中催生链接，传达共同发展事业的可能性。每个入群的成员都能通过这样一门系统的课程，更深入地理解社群的价值。对于个体群主而言，这有助于展现其才华和产品价值；对于企业社群，则能突破时空限制，让成员更全面地了解企业文化和产品。

简而言之，教育是各行各业之根本，而知识产品作为教育的载体，具有极佳的传播、传承和积累功能，能高效助力群主大规模传播其知识。

事实上，任何行业都可以利用小课作为吸引用户的手段，获取更丰富的客户数据，并有效管理社群成员的统一行动。

举例来说，建材行业的群主可以开设一门关于家装设计的科普小课，提升大众的审美和实用性认识；医美行业的群主则可以分享科学提升颜值的小课，帮助爱美人士更深入地理解医美原理；咨询行业的群主则可以教授如何与咨询专家有效沟通的小课，助力客户实现更好的咨询效果。

这样的案例不胜枚举。每个行业都有外行人难以知晓的专业知识，这些知识对于内行人或许是常识，但对外行人而言却是宝贵的财富。将这些行业常识精心包装成知识小课，既能彰显群主的专业性，赢得客户的尊重，又能为外行人提供科普与启蒙，实现双赢。这是值得我们在社群运营中反复尝试的策略。

社群中获得信任背书的五个进阶

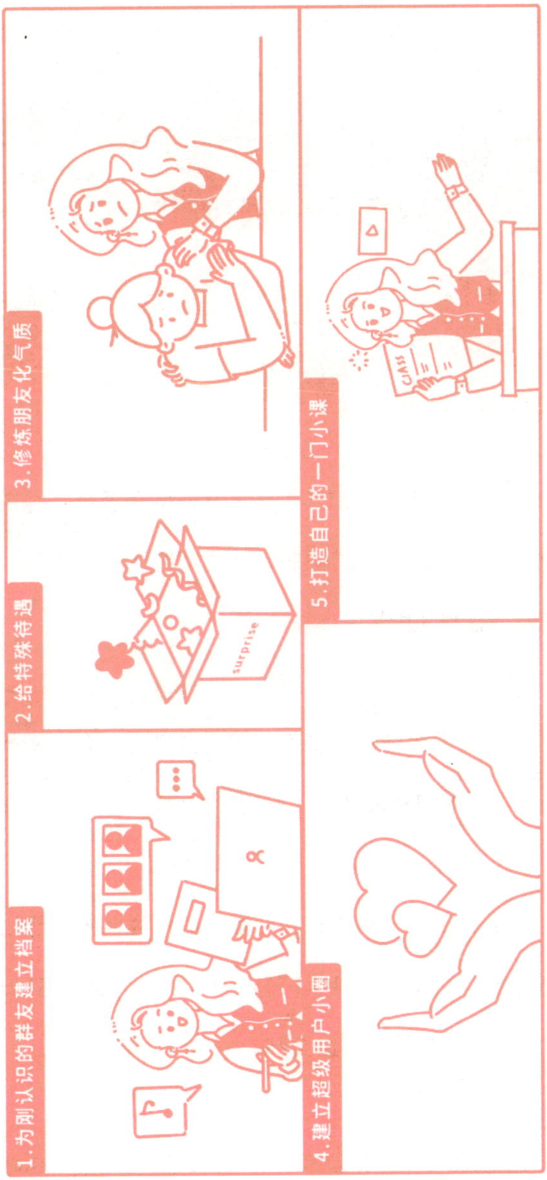

第15讲
优质社群运营十大准则

任何企业与个体都非常清楚社群的重要性，都希望将搭建的社群运营好。在搭建的初期，社群氛围隆重而热烈，但随着时间的推移，社群氛围慢慢冷淡下来。

社群运营需要团队协作，更需要制订一套周密严谨的系统运营方案，其中包括设计打法和阶段性目标等，并有节奏地展开。

我现在创办的教育企业，很多时候完全依托于社群运营。在疫情期间，10天裂变成11万人的社群，以及拥有的几千个社群，这些成为公司重要的起盘资产。

如果你具备运营优质社群的本领，可以毫不夸张地说，你就像插上了两翼，不论在公司工作，还是自己创业，你一定会比不懂社群运营的人发展得要好。我用十年的实操经验总结了衡量优质社群运营的十大准则。

一、团队协作性

社群有各种各样的属性，我在搭建每个社群时，都会物色二三十人组建使社群运转起来的团队，通过多种方式让所有的学员、所有入群的人尽可能地在社群中展现自己，帮助在社群中积极活跃的人去打造个人品牌。

团队分为三种角色：第一种是核心人物，或关键意见领袖，即KOL，这个角色一般由群主、群主助手或指定的人担任，使社群的主旨精神得以传播。第二种是运营团队，围绕着社群核心人物去运营社群，他们是社群健康发展的幕后操盘手。第三种是志愿者，他们需要投入时间和精力，还需要付出自己的劳务，义务地帮助维护社群的运营。志愿者拥有大爱，但他们也需要在社群中找到归属感和存在感，打造个人的影响力，应该让志愿者得到更多的展示机会，充分激发他们的内驱力。

社群仅靠一个人的力量是无法支撑起来的，团队的协作是搭建优质社群的基础，配合默契的社群运营团队，可以大大提升整个社群的黏性和温度。

二、社群游戏化

在社群活动时，我们曾经组织了吐槽大会，就拿吐槽大会作为举例，每个人都扮演“吐槽者”，然后反馈当下看到的现状和冲突点，再设计领取任务、能力指数、闯关障碍、组队打怪、终点吸引等有意思的环节，更多的人找到社群活动的乐趣，找到玩上瘾的感觉。一旦社群设计了游戏般的闯关内容，社群被打开的频率和信息被阅读的频率会大大提高。

对于付费学习型社群，每次在学员完成作业后，老师都会给予作业点评反馈；每次在群里下单时，学员都会收到一份小礼品；每位在群里回复、留言的人，都会得到及时的回答。这样的社群就很容易获得高黏性和高关注度，并营造社群成员活跃讨论的氛围。

三、信息及时性

第一时间回复社群信息，将消息免打扰去掉，置顶你的群，让你的社群成员享受及时的服务内容……这些看起来简单又烦琐的事情却非常重要，需要社群的灵魂人物、积极分子一起来完成。

每次做社群活动时，我们都要示意班长、班委、学习委员、作业导师等人能第一时间出现在社群中，详细描述群内沟通的技巧，明确每个人的工作内容、负责的专项任务……每个角色各司其职，这样就能确保社群成员的信息得到及时回复或响应。

四、氛围感引导

你一定喜欢特别活跃的社群，但好的社群氛围不是天然形成的，而是群主和团队共同经营出来的。

营造良好的社群氛围感有哪些方式呢？主导社群的群主或KOL 发布一条信息，如何产生带动性刷屏的效应呢？带动性刷屏有三大好处。

首先，起到信息集中提醒的作用，刷屏的时候，所有人会好奇为什么同一条信息会重复地、高频率地出现，激活潜水的社群成员在短时间内打开社群，尤其当社群活动集中在同一个时间点，这么做就相当于二次、三次、四次甚至十次以上的重点提醒。

其次，短时间内创造新价值，这样的刷屏是社群凝聚力的体现。一旦这样的凝聚力形成习惯，当在群内看到金句或非常好的内容，大家就会下意识地复制粘贴，重新发出，触发新一轮的氛围感。

最后，高度提醒和密度浏览，当屏幕上出现许多条同样的信息时，这会对每个人都起到高度提醒的作用。我们一定得好好思考，怎么做才能产生更有效的带动性刷屏，营造浓厚的社群氛围。

五、明确的成长

在社群里，我们要尽可能地帮助社群成员找到攀登式成长的感觉，让大家体会到成长的快感。比如，很多社群成员在你的社群中找到了学习、交流的快感，甚至浏览信息、八卦的快感等，进而他们会找到对自己有价值的内容。

六、动态定价权

我们要敢于测算在消费者心中我们值多少钱。如果你实在没有勇气涨价，那么你不妨试试去降价，因为价格浮动能最直接地测试消费者的真心和真诚。如果你不具备涨价的能力，是不是就意味着你不值这么多钱？不是的，真正的价格浮动取决于市场消费者承受的能力，把握好这个度，不仅能调动消费者的积极性，还能抑制其对价格的敏感度。

在你拥有了最高性价比、最真诚服务，以及优异的产品质量后，你的定价就是你的定位。你的定价给消费者形成了第一印象，你的定位随之就呈现出来。比如，你的口红定价200元，消费者会觉得，比200元便宜的口红其使用价值没有你的高，比200元贵的口红，它的售价怎么会这么高。这就是动态定价权，它是一个非常有趣的心理学现象。

七、丰富品类性

游乐园之所以吸引人，是因为它能够打开并满足我们的想象空间。游乐园非常好地保护了人类的童真，所以能不能设计一个保护人类某一特点的社群，并在这个特点的基础上再延展呢?

如果你做学习型社群，就要满足学员延伸的需求，即丰富品类和课程内容；如果你做购物型社群，就要让学员能够买到性价比最高的东西，不仅能超出预期捡漏，还能满足生活的必需；如果你做旅游型社群，就要去展现最美好的诗和远方，让大家知道跟着你就可以看到最好的风景；如果你做美妆型社群，就要去延展不同产品的变妆效果，适用不同的场景，使用户的每一次变妆都能实现他们最想要的、最想呈现的自己……

任何类型的社群，其延展性都是不同的，用丰富的品类为你的用户去拓展无限的想象空间，激发更多精准用户的不同需求，你的社群将充满活力。

八、调动购买欲

一个无法引发用户冲动购买的社群，无疑是失败的。社群是距离线上用户最近的载体，如果这样近距离销售、影响用户的载体，都无法让用户下单，那么这个社群的活跃度、生命力就不会太高。群主的口碑也就无法在社群中树立起来。一个好的社群是能够激发用户购买欲望、表达欲望的，购买则意味着社群成员认可了群主的人格魅力，同时也认可了产品本身的使用价值。

销售的一大禁忌就是免费的东西给得太多。哪怕用户只为你付费一元钱，甚至一分钱，也都需要有一个付费的行为，付费的行为使你的社群具备了真正的价值，免费的东西没有人会在意。

九、行动回馈流

无论社群成员还是消费者，在他们购买东西之后，都要尽可能地让他们在群里进行反馈，这是非常有效的正向信息的沉淀。每次做完一对一的深度沟通，我都会引导社群成员在群里输出他们的想法，有的人通过音频、视频的方式表达，有的人通过文字的方式陈述，无论什么方式，利于反馈沉淀便是好的。

我在做不同类型的社群的时候，团队当中的若冰，她用客服号跟大家对接，告诉大家要进行怎样的反馈，需要通过细致提问了解。一个非常有意思的现象是，如果没有人这样指点去反馈，以及没有明确的问题，引导他们去思考，其实人很难想到自己到底收获了什么。只有抛出问题，人们才会根据问题，一条一条地梳理自己收获的内容、自己感受到的东西，这样的反馈更加有利于学员去吸收谈话中的内容。

十、自我传播裂变

自我传播裂变是最重要的一点。社群裂变的本质只有一个，裂变的本质是人品的裂变，因为社群和很多的载体不太一样的地方是它需要内容，更需要在内容背后的那个人提供的输出，而在这个过程当中，其实群主、社群的KOL是非常重要和关键的人物。

每个人在社群当中所感受的价值、快乐、兴奋、温暖抑或新的体验，这些都是经过精心设计的流程体系，但你千万不要觉得，原来自己的感受都是被人精心设计过的，因为只有真正愿意跟你好好沟通、交流的人，才会愿意制造这种恰似偶遇又非偶遇的设计。如果没有这样的精心设计，很多时候人的关联就会中断；一个优质的社群也需要这样做。大家要尽可能地让你社群的朋友知道，你在他们身上付出了哪些小心思，让他们知道你的心意和诚意后，才能更长久地留住他们。

优质社群运营十大准则

1.团队协作性
KOL
运营团队
志愿者
2.社群游戏化
闯关成功
3.信息及时性
4.氛围感引导
太棒啦~
5.明确的成长
6.动态定价权
7.丰富品类性
8.调动购买欲
9.行动回馈流
10.自我传播裂变

第16讲
社群运营周期规划

“成功不是来自避免或控制周期，而是来自在其中保持灵活和积极主动。”亚马逊创始人杰夫 · 贝索斯如是说。

社群周期性的运营目标会使社群成员更有安全感，他们可以依据社群的节奏来灵活调整自己的计划。社群高质量的陪伴一定是有计划性的，在计划中体现群主对社群的运营陪伴及重视程度，使社群成员拥有安全感和归属感。社群成员知道社群中每天发生的事情，以及即将发生的事情，这一点至关重要，这关乎社群成员是否认可社群提供给他对应需要的社群价值。

一、社群运营周期规划

社群运营周期可以7天为一个周期，或以21天为一个周期，也可以100天为一个周期。群主应制作社群运营周期表日历或者图片供社群成员阅读浏览，以便社群成员根据对应的时间了解社群的计划及提供的内容、产品、信息、资源等。

社群成员可以在社群运营周期规划中找到自己所需要的价值，对社群活动和信息有了期待值；如果社群成员对社群运营周期规划不感兴趣，那么对方会随之退出社群，或选择沉默不语。这个时候千万不必担心或者恐慌社群成员流失，这就是一种筛选，让群主更好地控制了运营成本，减少了社群成员的交流压力，群主可以更精准地服务那些选择留在社群的成员。

二、规划社群运营周期的注意事项

1. 提供进阶的快乐与价值

社群运营要做到：每天的计划清楚时间，每周的计划清晰目标，每月的规划明确方向。当社群成员知道自己每天要做的事情时，他们会产生价值认同感，形成共识，并投入时间和精力参与社群活动。他们完成当日的计划，一周可以收获的价值目标就会显而易见，使社群成员对社群产生安全感，继而生出依赖性，不自觉地沉浸在社群的即时反馈中，而且具有规划性的进阶感。大多数人的认知是先看见才相信，社群成员看到自己可见性的成长才相信自己真的有所收获。

2.进阶有成长的快感，但眼前的安全感更重要

无论一天还是一小时，抑或一个月，不同社群的生命周期和运营规划是完全不同的，社群成员心中的困惑是不明确当下社群的运营规划。社群成员看到群主一腔热血地建立社群后，就不知道自己下一步要做什么。这个时候群主应该公布当下或短期的运营计划，无需公布社群一个月、一个季度或一年的运营计划。要降低社群成员对社群规划的理解难度，社群成员虽然能看到手机满屏的信息和满满的诚意，但他们不知所措。无论公布多长时间的运营周期表，其中一定要有当下或短期2~3天的运营计划，让社群成员了解社群的运营计划，这是非常重要的。

3. 克制发布规划，营造轻松的社群氛围

切记不可发布密密麻麻、满屏的周期运营规划，这会吓退许多刚进入的社群成员。如果群主想展示自己对社群的运营诚意或价值提供，要尽可能地简化周期规划上的文字，当日的事项可以细化，但不可一次性倾泻所有规划内容，群主过分沉重的爱意对社群成员来说也是一种负担。

4. 一份好的社群规划，别输在第一视觉上

横版的社群规划图适合运营周期为一个月左右的社群。在制作社群规划图时应考虑手机屏幕上下的留白，当社群成员打开图片后，这种设计在视觉感观上会平衡复杂的规划图，并感受到群主满满的诚意。如果社群规划较短，那么7~10天的社群规划图建议用竖版显示。社群成员打开手机，第一时间看到群主每一天的规划安排，社群成员会意识到群主是一个具有计划性的人，与这样的群主相处会感觉安心。

5. 运营规划结束后，社群重组还是延续

社群结束了约定周期的运营规划，有两种方式延续社群的生命力：第一种方式是解散原有的社群，在解散社群前进行一次社群活动，公布新社群的运营规划和社群价值，使社群成员在社群周期性运营中不仅感受到高质量的陪伴，还有不断进阶成长的体验，同时筛选新社群成员。第二种方式是不解散原有的社群，但需要进行部分社群成员的交流，大家一起回顾社群的往事，展望社群下一个阶段的目标与方向，使社群中潜水的社群成员看到社群的持续性与旺盛的生命力，展现群主生机勃勃和不放弃、不抛弃的精神风貌，社群在运营的过程中慢慢会形成群、群主、社群成员融为一体的特征。

规划社群运营周期注意事项

第17讲 要有危机公关能力，形成社群护城河

公关专家安迪·吉尔莫尔认为，社群危机可以被视为重新定义和加强关系的机会。通过诚实、坦率和负责任的回应，企业可以改变消费者的观点，增强外界对企业的信任和忠诚度，转危为机。

公关这个概念，最早可以追溯到五千年前的古巴比伦王国的农场公告，在现代公共关系学中它已经成为这门学科的标志性事件。

用通俗的语言解释，公共关系就是我们与大众的关系，它取决于我们想表达什么样的形象和观点，这些表达被公众传播后给予的是正面的或负面的反馈。

“公共关系”这个字眼最常见于公众人物和企业报道中，它对保持他们与公众之间紧密的连接与良好的社会形象，妥善处理公共关系大有裨益。

为什么社群也需要公共关系？因为社群是公共用户群中的一个载体。当一个群里有50人、100人、300人、500人，尤其社群矩阵高达几十万人体量时，任何个体出现任何的负面信息，我们都需要进行紧急的危机公关处理，不然社群同样也会和公众人物、企业一样出现危机。

一、社群危机公关：真诚并给出超预期惊喜

我在开始做个人品牌社群的时候，曾与一位知识付费领域的大V合作，在录制一门课程时他生病了，同一时间我们的视频剪辑也出现错误，致使当天晚上的课程无法上线，事件发生在当天下午4点左右，上线课程的时间是当天晚上8点，4小时完全不够制作完成课程并如期播出，我立马做出了如下调整。

我用群主的微信号在社群里发布了这样一个有趣的消息：“亲爱的各位同学，下午好！我要告诉大家两个消息，一个是好消息，

一个是坏消息，大家想先听哪个消息？”

这个消息发出后，越来越多的社群成员参与互动，有的人说先听好消息，有的人说先听坏消息。我看到想先听坏消息的人比例较大时，紧接着用官方客服号坦承了事实，进行了第二轮的回复：“坏消息是今晚原定的课程内容，在上传过程中文件出错，导致视频源声音故障，剪辑小哥哥需要花时间修复，重新剪辑，课程上线时间调整为明天晚上8点。”

可能会有读者好奇，为什么我没有说是老师身体的原因导致课程无法按照原定时间进行，而是说视频出现了问题呢？我觉得强调老师身体的原因是站不住脚的，将责任推卸给老师也是非常不真诚的，显得整个团队不够团结。我们选择说出部分的真相，但是绝不说谎。

此后我给出了超预期的惊喜服务，告诉大家好消息：当得知了视频剪辑文件出现损坏时，老师决定把当晚的内容改为学员答疑。目前已经收集了10位学生的问题，今晚进行一小时的加餐——文字答疑，大家一定要及时提出自己的疑问。将当晚不能正常开课转化为用文字形式进行的答疑，大家的感受是多了一堂老师的答疑，简直是赚了。

经过以上3个步骤的操作后，我还是有些担心，会不会有反对的声音和负面的信息出现。想到这里，我立刻进行了注意力的转移，回顾之前的课程，并用官方号发出了前面的授课课件，让大家复习，那天晚上我们进行了公开的一对一答疑，非常顺利地解决了原定课程不能正常上线的问题。有些学员在群里表示这次答疑不但很好地消化了前面几节课的内容，对理解后面的课程也起到了很好的作用，转移了社群成员的注意力，将坏事变好事。

二、社群危机公关：快速反馈并勇于承担

我们邀请的一位社群嘉宾，因为个人的原因导致300位学员被“放鸽子”。此前我们的工作人员已经在群内多次告知嘉宾分享的时间，做了多次的广播提醒大家。在临近分享时，我们却怎么也联系不上嘉宾，工作人员非常惊慌，不知道该怎么办才好。

此时，我们必须立即做危机公关。经过紧急工作小组的商讨，首先我们诚实地告知了大家实际情况，工作人员确实也找不到分享的嘉宾，希望大家理解，同时希望分享嘉宾没有出任

何意外，并期盼他下一次能守时来做分享。在这个过程中，为缓解大家焦虑的心情和焦急的等待过程，我们分享了很多的书籍，建议大家可以阅读相关的书籍。通过聊天、推荐书籍，以及鼓励大家探讨书籍内容等转移大家的注意力，社群成员沉浸在分享书籍、共享阅读的氛围里，而嘉宾未到位分享这件事已经被大家忽略了。

社群危机公关中需要做好的核心要点是保持积极的危机公关处理态度，遵循危机公关的5S原则：速度第一、真诚沟通、承担责任、系统运行和权威证实。

速度第一，这个比较好理解，当危机事件发生时，对此做出快速回应永远是最重要的。真诚沟通是指站在对方的角度，坦诚事实，不要夸大，不要给大家高高在上的感受，站在社群成员的角度去解答。承担责任是指在任何社群活动中，主办方一定要积极地承担责任，任何的负面信息，主办方都应该主动站出来勇敢地担当。系统运行看起来高大上，但简单来说，就是协调各方面事件，控制事件的发展态势。权威证实，就是我们要通过第三方监督的方式，表达自己对现状改进的决心，在一些品牌进行危机公关的时候，经常会引进第三方权威认证机构来认证，向公众表达品牌方对这个事件的态度。

三、正视并理性地面对社群危机公关

如果在社群运营过程中遇到了非常棘手的问题，你不妨结合上面讲的两个案例和5S原则来处理。其实，危机公关并不可怕，可怕的是我们没有正面地去应对。社群在商业模式中发挥的作用越大，社群危机公关产生的效果越明显。如果危机公关处理不好，很有可能前面所有的好评、成果全军覆没。如果你是一位企业的管理者，或者从事社群运营方面的工作，抑或将来要组建自己的社群，要理性地面对每一次社群的危机公关，临阵不慌。

在很多时候，危机就像糖衣炮弹，化解后的危机或许无比甜美。我们要正视这样一个问题：有人的地方就一定有江湖，有江湖的地方就难免有口舌之争。

社群的“危机公关”

第18讲
300 人影响一座城市

创业初期，珠海的一位朋友给我说了他的一个难题："因为缺少创业的启动资金，我的店开在城市很偏僻的地方，这里店面的租金低，人流量也比较小，开始营业以后我才知道人流量的重要性，有没有办法通过社群来增加人流量呢？"

我听完他的描述，能想象他经营这家店所面临的窘境，我跟随他去到店面，发现有不少商户和他一样，当初听信开发商的宣传而选择这里。虽然开发商投入资金宣传，但这一区域仍未有多大的人流量，签约租下店面的商家，经营了大半年一直处于亏损状态，已经有很多商家支撑不下去，纷纷在门口贴上"旺铺转让"，可看着冷冷清清的街道，半点旺铺的痕迹都没有，历经风雨的公告早已经透露了无人问津的信号。

我问朋友："能描述一下这条街道和你店里客人的特征吗？"他无奈地笑了笑："没有什么特征，都是这一片的老住户，因为地段太旧了，改造好了也没有什么人来。"

他的回答很短，但这句话却让我找到了解决关键问题的重点。这里没有人来的原因，和这座城市对这里改造的宣传人群有关，城市中的年轻人、有活力的消费群体，他们是一群对新鲜事物感兴趣的人。这个旧改的商圈没有触及更多这样有消费能力的人。要想使这个商圈活跃起来，首先要有更多的年轻人逗留、活跃在这附近，如租房、上班、旅游、下午茶、商务等。

朋友的资金有限，装修和人工已经让他的经营成本入不敷出，所以他第一时间想到了我常说的"社群可以撬动一切行业"的口头禅，抱着试试看的心态找我聊。看他垂头丧气的样子，我心有不忍地说道："有办法的，咱们不仅可以让你的店生意好起来，还可以让这条街道上的店生意都好起来，你就是这条街道最靓的崽了。"

和他们进行的第一项工作是把所有过往的客户情况做了分析，我觉得客户样本太少，就找到他左邻右舍的商家，说明来意后，大家也都希望商业街的人流量能大起来，从而带动生意好起来，大家都将店内的情况和客户样本和盘托出，这当中有宠物店的店主、书店的店主、餐厅的店主、日用品店的店主等10家店主。

有了足够的街道商铺客户样本，我们商定好话术，分头邀请在店内消费过的客户进入一个福利联盟群。约有300名客户是有效、精准、活跃的，在大家集体发力的情况下，这个群不到一天就建成了。刚建群时，新进入的社群成员都非常兴奋，不断地发红包和表情包，商户一看兴奋的消费者就立马想要往群里发广告，我见状赶紧拦下说："火候还没到，别着急。"建群的初始阶段，社群成员的注意力最聚集，这个时候在社群的任何沟通都会被社群成员放大，必须在准备工作充分的情况下才能行动或进行群沟通。

一、联合不同商家，找到品牌破圈关键点

通过不同的商家将一座城市的大社群的群主找到，这才是我真正想要做的事情。这些大群主跨越了年龄、性别、行业、单位、消费习惯，以及家庭组织结构。多样化的社群正是我所需要的，一样的人群非常难将商圈的品牌破圈，客户重叠度过高是营销破圈大忌，追求破圈一定要客户样本足够丰富。

当我给一座城市的人群画出不同维度的社群坐标，城市里的超级节点就能被我找到。那么此时这个坐标上的横向标识、纵向标识就能提供更多信息。客户的多样性覆盖了不同的圈子，这也是社群成员帮助品牌破圈的关键前提。

我仔细观察了社群的300名成员，除了旧改商圈的商家，我通过每一个头像的分辨，从像素、风格、是自拍还是风景、是个人还是明星、是宠物还是动画，判断出社群成员的多样性已经足够了，几乎占据了这座城市社群坐标的所有象限节点，男女老少各类风格的人群都有了。那么这就稳了。可以开干了！

这个时候我迅速和这10个商家商议，大家可以联合发福利，用联盟福利的策划案吸引群内300人分享这个商圈，带动彼此的店铺人流。在和这10个商家进行沟通的时候，大家看到这个群十分活跃，感觉下一步就是人潮涌动的商圈景象，于是，大家异口同声地说："你说怎么干，咱们就怎么干！"

二、联盟商家福利路演，以内容为载体转发扩散

我在群内做了一次10个商家的联盟福利路演，若想要拿到到

店消费的福利，社群成员，即潜在消费者必须在星期二的20:00和21:00这两个时间发布同一篇文章，文章中含有大量的图文和视频信息。这篇文章链接是由这座城市最活跃的微信公众号首发的，发出即触达了50万线上用户，但未必所有用户都会打开。抖音号、视频号也会紧跟发出报道，但最关键的还是文章链接，因为涵盖的信息足够向线上用户清晰而全面地展示。

所有关注生活公众号的用户，都是关注吃喝玩乐信息的本地人，也就是说，目标人群更加精准。一篇这样的公众号文章，看似简单，但想要引起用户的好奇并点击浏览需要花费不少的时间。首先标题就要足够吸引人点开，其次发出的文章必须占据头条。考虑到投放推流，我让10个商家每家出1000元的推广费用，他们看试错成本不高，就欣然接受了。

原有的300位社群成员看到文章链接中的福利，十分兴奋，他们觉得自己赚到了。感觉自己只需要动动手指在固定的时间发固定的话术文本，转发一篇文章就可以拿到10个商家的福利，左算右算都是不吃亏的交易。还有人打起小算盘，认为只要转发后截图给主办方就可以了，然后删掉朋友圈的内容。

我想到了有这样的可能，立即在社群中补充道：到店消费需要验证朋友圈的转发，出示无屏蔽任何人的转发才可以领取福利。这进一步促进了该文章的传播触达。

紧接着我又用另外一个微信号在社群中发言：“想要福利，又不想付出，连转发一个朋友圈还要删掉，这格局也太小了吧。”社群内其他成员也在群里说转发分享不是难事，毕竟商家要的是扩大影响力，消费者开始自发地为商家发声。

10家店的老板见状都哈哈大笑，已经好久没有这种消费者争先恐后来自己店里消费的热闹景象了。我紧接着说：“别掉以轻心，文章发出当晚才是一场硬仗，我们要做好接住所有人流的准备，千万不能因为线上这300人就满足了，我们要的是让这座城市的大部分人认识到大家的品牌，以及为这条旧改商圈引来更多的人。”

三、利用社群坐标向更多元素的节点裂变

我们在20:00、21:00、22:00这三个时间点各安排了100个人发布事先准备好的文章链接。因为这个微信公众号、短视频

账号本身的流量，有不少人因为标题而点击浏览文章，越来越多的人知道这座城市有这样一条旧改商业街。

通过社交媒体触达更多人群的第一步推广工作已完成，紧接着第二步是借助社群300人进行集中分享，朋友圈刷屏造势，影响不同人关注这篇文章。第三步是运用“文章+视频”的方式让更多人看到领取10个商家联盟福利的方式就是简单转发分享，刺激更多的人去转发。

我们经过后台测算，文章一共被转发了6890次。按照一个人最低拥有500人的微信好友量计算，这篇文章有可能被344万人见到，即使依据二八法则，也有可能被68万人看到，如果继续使用二八法则，可能会有13万人产生消费念头，我们再使用二八法则，可能会有2万人到线下进行真正的消费。我电脑一合，兴奋地和10个商家说，大家做好准备，明天可能会有很多人来消费，提前准备好人手接待。

可能你会说，二八法则是万能的吗？它并不是万能算法，只是在预估传播推广以后最低的人流量。哪怕没有这次推广，依靠社群300人，三五成群的逛街消费也能有至少1000人的光顾，更何况文章还有300万人的阅读量，扩大了人群基数。

预料之中，第二天珠海这座城市，都在热议旧改商圈和这10个商家联盟的福利发放。我打车去道贺，坐上出租车和司机说地址，司机说：“这地儿我熟，就是人多堵得塞车了，今天载客人去了五六趟这个地方，好像是有福利和活动，你也是去这里拿福利的吧，姑娘。”

我看车窗外想，像珠海这样一座200万人的城市，仅靠300人的社群成员集中传播推广就能使一条旧改商业街被更多人知道，其他城市是不是也可以如此？由此可见，用一小群人撬动另外一群人，以小博大、以弱胜强的群体沟通并不难。

300 人，引领一座城市风向标

复盘时刻

1. 一家公司最值钱的不是产品、模式、项目，而是班底！班底才是一家公司的核心竞争力。

2. 社群是形成组织体系的基础，没有社群就无法形成以人为中心的圈层、组织、单位等。

3. 群感，就像语感、乐感一样，我们在入群伊始就能快速地感知社群的群体氛围和社群语言。

4. 一个好的社群，群主要善于培养社群成员具有共同的目标，做好社群管理的组织和规划。

5. 如果你能在社群中创造一个积极和包容的环境，让每个个体都感到被重视，那么他们自然会为你的社群背书和推广。

6. 深度关系的维护是在日常交往中建立的，而不是刻意、过意或用力过猛为之。

7. 构建社群是创造一个让人们感到被重视、被倾听和得到支持的空间。

8. 每个人在社群当中所感受到的快乐、兴奋、温暖，抑或新的体验，都需要经过精心设计。

9. 配合默契的社群运营团队，可以大大提升整个社群的黏性和温度。

10. 社群危机可以被视为重新定义和加强关系的机会。通过诚实、坦率和负责任的回应，企业可以改变消费者的观点，增强外界对企业的信任和忠诚度，转危为机。

3

第三章

链接一切，放大社群的势

Introduction

通过社群可以走向更好的社交，
社群已经成为绝大部分人的社交标配。
在社群里的链接，无限放大了各种可能。
本章为大家呈现如何在社群中引起贵人的注意，
从而借助贵人、高人的肩膀，成就更好的自己。

第19讲
社群跨越五大维度完成链接

尼尔·奥尔登·阿姆斯特朗作为第一位登上月球的宇航员，他在登月前发表的演讲中强调了超越界限的重要性。他认为，只有在超越种族、国籍和文化差异的基础上，我们才能共同努力建设一个更加和谐与包容的社群。是他让人类在探索宇宙奥秘的进程中又跨越了一大步。跨越可以使一件事从量变到质变，跨越的维度越多，所带来的变革和影响力就越大。

社群是互联网时代赋予链接最好的工具，通过这个工具我们能通向世界的任何一处，跨越五大维度，即性别与年龄、行业、信息、阶层、时空，实现链接的高效性。

一、社群跨越的第一个维度：性别与年龄

社群可以消除人们对年龄和性别的偏见。当我们进入一个社群，无论年龄还是性别，都可以选择隐藏，你在隐藏身份的同时，可能也会遇到同样喜欢隐藏自己身份的人，此时的交流可以称之为最公平的交流，它放下了彼此对年龄和性别的偏见。

10年前我第一次接触互联网产品，在一个互联网运营的产品经理群中，18岁的我隔着屏幕在微信群中和社群成员分享我对互联网产品的一些见解，随后一位自称腾讯的产品经理与我交流了一款App产品的优劣，优酷网的产品经理也分享了自己的见解。

如果他们知道屏幕另一端的我是一个还没有毕业的18岁学生，那么这些专业的产品经理有可能会失去与我交流的兴致，因为他们有可能存在先入为主的对年龄和性别的偏见。我很有可能就错过这次与互联网大厂产品经理交流的机会。

社群使普通人通往更大的世界的原因在于，隔着屏幕的交流，只要相互的价值观相同和线上的社交礼仪到位，每一个普

通人都有机会与任何“牛人”交流、得到超出预期的收获。

二、社群跨越的第二个维度：行业

这些年很流行一个词叫跨界。许多人开始跨越不同的行业去做自己不了解的事情，有些人成功了，有些人失败了，我们可以留意一下二者最大差别：是经济实力吗？是资源人脉吗？是行业差异吗？其实都不是！跨界成功与否的原因在于经验和能力是否可以被成功地迁移与互通。

经验和能力的迁移与互通，本质就是一个人的思维认知被打通，而非单一性地理解具体行业的具体事情。一个人的经验和能力迁移最好的方式是在社群中见识到足够多的行业，领悟到信息交流的本质，有打通任督二脉的感觉，这些是决定其能跨界成功的关键因素。

我们经常见到许多主题型社群，如围绕读书展开的群聊，围绕喜欢同一个明星展开的讨论，围绕一个活动组建的临时社群……这些主题型社群都包裹着行业与行业之间的商机，但极少有人能发现这其中的商业秘密。

例如，一家美容店需要吸引更多的客户到店消费，最好的方式是建立一个爱美人士的社群进行客户转化吗？绝对不是。最好的方式是找到那些客户群体相似，但绝无竞争关系的行业挖掘其潜在的客户群体。

美容店的女性客户最常见的特征就是，关注自己的美貌，愿意在容颜上进行投资，同时对生活有一定的追求和有一定的物质基础。当我们分析了美容店的女性客户特点以后，我们发现这些客户除了涉及美容业，还涉及健身、养生、运动、旅游等行业，这一人群都愿意在自己变得更好这件事情上进行投资。

只有社群才能聚集这么多行业的人跨行业交流，并可以实现经验和能力的迁移与互通，每位有追求的女性都会畅聊自己追求更好的自己的经验。如果你是老板，就必须倾听一线的声音，才会更加明白消费市场的消费意识和场景是如何形成的。群聊能聚集多行业，完成高密度的信息输出，让创业者、企业家、老板捕捉到不同行业的差异信息，快速积累自己的经验，了解互通行业之间的优劣势。

三、社群跨越的第三个维度：信息

社群跨越的两个维度的本质都离不开信息，我们每天必须面对信息，尤其在信息爆炸的时代，筛选出对自己有效的信息是当代网民每天的功课。但是，社群才是信息传播中的王者工具，越是无法放在公开场合交流的话题，就越能在具有私密性的小社群中得到热烈的讨论，因为小道消息会被传播成一手消息。

例如，娱乐圈的八卦新闻，早年豆瓣的社群交流、知乎的热议帖子，或现在的微博评论区、抖音评论区……这些地方已经形成了内容主题的交流社群，一旦形成社群，必定会产生多元的信息，甚至超出预期的信息。

社群的信息穿透力比许多单向传播载体更强，同样都是信息，但社群传播的信息是多元的、互动的，社群式的讨论是心与心的连接。

四、社群跨越的第四个维度：阶层

在社群中找到几个关系节点，升级人脉圈。我们认可一个人的途径变成从我和你是否喜欢同一个明星到是否认可同一种价值观。逢年过节，我们给好友群发祝福成了我们维护关系的一种方式，不管我们是否认可这样的群发信息方式，但不可否认的是，当我们收到群发信息的那一刻才会想起来：啊，我还有这个好友呀！我都忘记什么时候加的好友了。我们会不由自主地去看彼此共同的群聊，以及第一次成为好友的时间，回忆加好友时的情形。

微信不仅使我们和生活中有一面之缘的人互相成为好友，共建关系。生活中，父母、子女可能因为彼此都喜欢阅读，共同进入一个读书群，他们之间就多了一层书友关系。在工作中的上下级可能因为喜爱打羽毛球，在羽毛球俱乐部的社群中偶遇，让他们之间的话题增多的同时还使彼此成为球友。

社群完成了许多人的关系升级和关系平等，关系升级不再局限于单一的关系，交流互动的话题源源不断，可以实现不同关系之间的平等对话。社群是实现平等对话的工具之一，社群充分地包容了多样性的背景和多元化的人。

一个人结识一个行业、圈子的人最快的方式就是和群主达成一致的行动和思想，在社群中与其他社群成员完成关系的链接，群主的引荐和信任是社群中的隐形通行证，得到群主认可的人多半是社交高手。无论线上还是线下，社交礼仪无处不在，这些相处中微小的动作，会使人与人的关系产生天壤之别。

如果你没有资源和人脉但想起盘创业，最直接的方式是迅速找到几个关键节点的切入口，撕开一个面，进入他们的社群，成为他们人脉圈的社群成员，让群主带你穿梭在各群中完成行业、信息，甚至是阶层的跨越，直达人脉圈的中心。

五、社群跨越的第五个维度：时空

社群跨越时空能提高生产力。它带给我们无限的想象空间，跨越地域的限制，实现了不同国家、不同城市、不同地域的人之间的联动，提高了人们的生产力。

我们不妨通过计算来对比传统的销售专员的生产力和使用社群工具进行销售的人的生产力。

除去睡觉、吃饭、休息的时间，有效的工作时间最多是8小时，算上来回车程，以最快的效率拜见一位客户至少需要2小时，

8小时的高效工作最多见4位客户。一年365天，我们每天都工作，一年最多可以见1460位客户。根据成交的二八法则，大约会有292人成为我们的有效客户。

但是以传统的方式一年拜访的1460位客户，我们通过3个社群就可以完成聚集，在有方法、有技巧的情况下，我们与每个人成为好友，在这个过程中还会产生裂变，不超过1个月，一名普通的销售专员的潜在客户就会从1460人扩增10倍，成为14600人。这不是天方夜谭，而是我最保守估算普通销售专员链接客户的规模。而这一切的产生都是因为社群磨平了空间，提高了时间的使用效率。

如何有技巧、有方法地使社群为每一位业务人员更好地创造经济效益，我会在本书的案例中为大家呈现，并通过我做过的每一个案例和大家详细拆解其背后的逻辑。

社群之所以会成为链接世界的最快工具，是因为它跨越了五大维度：性别与年龄、行业、信息、阶层、时空。这五大维度无论跨越哪一个层面，都会加快一个人成功的速度，当我认识到这一点时，我才真正开始在事业上一路绿灯。

社群跨越五大维度，完成链接

第20讲
社群放大结识贵人的杠杆

一生遇见几个对的人，真的很重要，人对了，什么都对了。遇到对的人，不是靠撞运气，而是靠识别。只有见过的人的基数足够大，才能真正识别出对的人。

中国有句古话：读万卷书不如行万里路，行万里路不如阅人无数。对于今天的我们来说，这句话依旧正确，但我想在最后再添上一句：

阅人无数不如阅群无数，阅群无数才有高人指路。

如果我们只以线下约见的形式，一年365天，我们在家里、职场、社交聚会和外出活动中有过交流的人最多不会超过1000

人，但是在社群中就不一样了，我们与1000人链接仅仅需要2个500人的微信群。你可能还会问，直播是不是可以更快速地和1000人甚至更多人链接？

是，但也不完全是。

直播的交流更倾向单向输出，是一对多的交流方式，主播输出占据主要的内容，我们可以将人群从直播间转化到社群。社群是一个双向的交流选择，彼此之间在社群内的对话是真实且高效的，每个头像背后都是活生生的人。我们可以从朋友圈、头像、微信ID、聊天方式，甚至表情包上敏锐觉察到屏幕背后那个人的性格和喜好。这就是社群给予一个普通人链接贵人、牛人及见到不同世面的机会。

一、如何用社群放大结识贵人的杠杆

在电影《我不是药神》中，男主角程勇（徐峥饰演）是一名药贩子，他发现白血病患者买不起药治病，于是拉上身边的白血病患者吕受益（王传君饰演），非法从印度贩卖廉价药，起初没人愿意用生命试用这种药，他们根本无法推广出去。

那么程勇和吕受益搭档卖药的转折点发生在哪里呢？

转折点发生在吕受益和许多白血病患者交流治病心得的QQ群中。其中有个各大医院白血病患者群，这个群群主的女儿得了白血病。吕受益把她推荐给了程勇。程勇三顾茅庐说服了她让女儿试药，之后她带来了数十位各大医院的患者QQ群的群主。

在创业的过程中，大部分人走的路径是：知道商机—看到市场—找到资源—拿到业务。真正决定创业生死的往往不是表面的路径，而是找到上下游关系的人—遇见合适的合伙人—跟着贵人、高人干—把正确的人放到正确的位置上。

在参加一些沙龙、活动的时候，你有没有被问及有多少微信好友和微信群？如果你的微信好友和微信群非常多，这就会变成一件可以展示社交能力的事情，体现了你的链接能力、人脉资源，甚至个人实力。

社群成为个体、企业起盘的基本工具。通过几个微信号、几个社群，在家带着娃，月入几万元的人屡见不鲜。越来越多的公司和个体是以社群为基础起盘的。传统的生意思维不断在社群化的过程中重新焕发出勃勃生机，几乎没有哪家公司在工作中不用社群去做员工、客户的组织管理，只是不同的公司使用社群的效果和呈现的方式不同，在很大程度上，这取决于公司负责社群管理的那个人。

我现在创办教育公司，完全依托社群不断扩大势能。在疫情期间，先是通过10天时间影响了11万人，这些流量以线上社群的形式沉淀下来，几千个社群的建立，成为公司快速起盘的资产，我们通过社群，不断向外界传播我们的正能量、价值观和使命。我们在前进的路上不断招兵买马，吸纳优秀又志同道合的伙伴加入团队，共谋大业。

人，很难成为自己没有见过的人。见过人才，我们才知道什么样的人称得上人才；见过牛人，我们才明白怎样的人是高手。在这个过程中，跟对人就能一年顶十年地成长。在我创业的10年时间里，我连续2次将我的老师变成我的合伙人，使我运营社群的能力契合到我的贵人的事业中，用社群全力成就贵人，与此同时借势成长。

我们现在的团队成员，几乎都是在社群中结缘相识的，有的是我们之前课程的学员，有的是我们在社群共创活动中因他们某一方面的才能突出被吸纳进入核心工作团队的。

二、高效结识贵人的“社交杠杆力”

那么，怎样做才能更好地在社群中结识贵人呢?

首先，我们要尽可能地加入一些付费的社群，或者贵人出现的线上、线下的活动，展示自己的价值，主动链接；其次，要甘于成为贵人的工具人，当贵人需要你的时候，你全力以赴成就贵人；最后，善于借力和借势，借助贵人的肩膀，让自己快速成长。

遇见贵人的方式有很多种，比如，在常见的自媒体平台上输出有价值的内容，使自己的价值能够让更多人看见，常见的有微信群、知识星球、朋友圈、公众号、头条号、百家号、知乎、小红书、抖音、视频号等，这些载体实质上都是社群。

社群已经在商业时代具有越来越重要的角色和地位，每个行业、企业、个人都需要。社群运营的工作岗位也变成了香饽饽，这个领域的人才也必将成为驱动商业发展的刚需。

“社交网络是你的力量，但如何运用社交网络才是你的杠杆。”亚马逊创始人杰夫·贝索斯强调了社交网络的重要性，但他同时指出，有效地利用社交网络才是真正的杠杆。通过与他人建立强大的联系和合作关系，并充分利用社交媒体等平台，我们可以扩大自己的影响力，实现更大的目标。

在过去的几年时间里，我的人生仿佛按下了快捷键，无论我主动地选择，还是被迫地接受，我的成长迭代速度都在高速发展，这一路走来我遇到了很多贵人，也撞上了一些风口和机会，过去所有的历练成就了现在的我。

我其实并不是天赋异禀，或是懂得商业思维和运作，我不断地重复使用被大多数人低估了的工具——社群，而我几乎信仰社群，依靠这个工具一次又一次地获得机会，发展自己的事业。

我在大大小小的项目中锻炼出对商业的敏锐感知力。很多项目看起来很美好，创业初期的想法也很好，但是到最后事情没有做起来，你有没有想过原因是什么？

80%的失败原因是没有找到对的人，对的人才是成事的基础，才是事情发展走向的关键。找到对的人，首先要有足够的见人基数，才能辨识出来对的人，社群就成了新创业者非常重要的一个渠道，社群是我们找到关键人物的重要的新工具。

我常常听到："某个项目现在做得这么大，我当年也是这么想的，就是不在风口，没有人投资。""这个项目要不是当时合伙人的短视着急分钱跟我闹，我早把公司做大了。"我们在职场中会遇到不如意的搭档，背锅是常有的事，薪资不见涨就算了，出现重大的事故还会连累自己调岗降级，不受公司重视。此类事情发生的原因就是遇到不对的人，事情总是难以向我们预想的方向发展。

我们使用社群中的社交杠杆力，在线上、线下的社交场景中塑造个人品牌，形成自己的竞争壁垒，可以帮助自己在事业、资源、人脉、家庭等方面获益。掌握了这个核心技能的人才能真正明白品牌、社群、产品三者之间的关系。

我先问3个问题，大家可以根据自己的真实情况进行回答：

第一个问题：你目前的上司，或者你目前最大的合作伙伴，是你主动找到他们的，还是他们主动找到你的？

第二个问题：给你3小时，在100人的社交活动里面，你能迅速结交多少个微信好友？

第三个问题：你想不想成为圈内行业的抢手人才，成为优质合作伙伴的首选搭档？

通过这3个问题，你可能意识到，自己的社交脉络需要梳理，绝大多数的贵人其实就在自己的身边，并暗藏着潜在的机遇。识别贵人和获得贵人的帮助，这里面涉及个人品牌建设的方法论。个人品牌对于职业机会、商业谈判都有着重要影响，它关乎个人发展的质量、速度和高度。懂得有意识地在各种社交场景建立个人品牌，并用合适的媒介展示自己，是扩大自身影响力的必修课。

利用社群社交杠杆力开启10倍发展速度，结交自己生命中的关键人物，帮助自己实现所想所念。在成长的路上结交贵人，深交良友，正是这些看似不经意而又环环相扣的细节，才能聚积出今天的商业巨变。

我们身边的大多数人真诚友善，但很可惜的是，大部分人由于缺少线上和线下的社交策略，从而错失很多成长机会，大多数人需要刻意练习社交杠杆力！

社交杠杆力（社交方法论）总结为以下公式：

社交杠杆力 =（路径设计 + 自我拆解 + 剧本台词）× 真诚

社交杠杆力

第21讲
深度链接贵人的方法

2019年8月，我来到了北京。来之前我列了一份我想在北京见到的智慧人士清单，这是我这几年做人脉梳理的习惯。我会为自己需要去认识什么类型的朋友，以及深交和联络哪些朋友，留出自己的时间。其中有一些不认识的人，我就会通过线上社群，或者是朋友圈好友，然后找到一个最佳链接路径完成相识。

我用表格列出了人名、关系强弱档次、对接人、约定时间、预计交流时间、对方需求、我的潜在需求、可合作要点，以及人脉关联网。

在这份清单中，有一位是个人品牌管理咨询领域的领军人物，他很早就成为许多牛人的个人品牌咨询顾问，也曾经是科特勒营销公司在中国的负责人。我在见他之前特别紧张，因为我实在不知道对于这样一个人，还有什么需要我给予他的，我不知道我对他有什么价值。

所以，在联系上他之前，我思考了一晚上我要通过谁去认识他。翻遍我的微信通讯录，看北京的朋友有哪些是相同圈子，或者有重叠圈子的可能。我在一个社群中通过关键词查询，看到有人聊起过他，于是我就找到这位朋友，这位朋友非常爽快地答应把他引荐给我。

在这个关系中，不难发现，过去的“六度人脉”早已经因为互联网减弱成了“三度人脉”。你想要结识一个人，一点儿都不难，尤其是在微信生态中非常容易获得你想要的信息。因为微信群早已经完成了人类的二次“大迁移”，在互联网的世界里，人们已经形成了一个个部落，划分成各个圈子。

我有非常多的朋友是因为微信群的存在从线上偶遇再到线下见面的，是社群帮我在事业中提高了链接能力和链接效率。今天我们想要认识一位朋友，社群的效率远高于过往的社交效率，不要低估互联网的能力。现在有很多平台专门提供付费与专业人士交流的服务，如在行App，你只需要花点儿小钱就能结识专业人士，他们可以帮助你少走很多弯路。

话说到这里，大家应该明白认识一位贵人并不难，想要认识一个人、加好友一点儿都不难，难的是，你要通过谁去认识，才会让你的目标人物对你也产生浓厚的兴趣，这才是个人品牌的核心。否则你冒昧的问候，以及随意的自我介绍将适得其反。

一定要学会在认识贵人前就做好计划，设计出认识他的最佳路径，找到能让你在贵人面前加分的关键人物，这样的关键人物会成为重要的支点，使社交杠杆的效果更加显著。

在了解了贵人之后，我把他最近的分享和过去的分享都翻出来看了一遍，将媒体对他的报道与他平日在线下课程里的状态和他所透露的信息联系起来，我从这些媒体报道和网络素材中对他越发了解，也更理解了一个人的个人品牌就是其最大的主导权筹码这句话。

我猜想这位贵人应该非常渴望人才，所有忙碌的人最希望有才之人帮助自己，我立马进行自我价值分析，我的哪些经历或经验可以解决他目前的困惑。我做了大量的资源匹配，绞尽脑汁地去猜想这位贵人的需求，我有哪些资源、信息、产品可以和他匹配，我罗列了很多种可能性，对每一种可能性都进行了情景化的演练。

这样的演练更多地促使我开始思考社会角色的互换，理解他们的思考路径是什么，他们在意的东西或需要的是什么，我能拿什么资源与之交换。这样的思考方式有助于我更好地从多元视角去看待不同的角色在社交场景中的需求。

模拟一番进行了身份角色场景演练后，我更加了解对方的心理活动，更有底气面对他的气场和咖位，不再害羞和胆怯，我知道，我是去给他解决问题的，是去给他排忧解难的，不是过去吹捧他的。有不少朋友曾和我一样，认为自己不够资格认识这位贵人，或者当下想不到和他们认识有什么作用。那就从最基础的事情做起，你擅长什么，你就给你想要结交的那个人提供免费的服务。比如，你是卖产品的，那么你就送一整套产品给对方，用产品去创造每天与他交流的机会。

我预测我和这位想要结识朋友，在交谈过程中会出现以下3

个疑惑。

第一，我能提供什么资源让他觉得能和我长期合作？即使首次见面不能达成合作，也可以让他知道我对他的利用价值。人一定不要怕被利用，被利用才能说明你有价值。

第二，他对我会有哪些顾虑，我要如何打消他的顾虑？

第三，如何使他相信像我这样资历尚浅的女生所说的话，并且愿意和我合作？这个问题也是大部分人在和大咖交往时的障碍，人家为什么要相信你，和你合作呢？

一连问了自己3个问题，然后我给自己设计了一套和这位贵人交流的台词。

“一句经典的台词会一直被人们传颂，永远留在观众的记忆中。”这是电影《泰坦尼克号》男主角扮演者莱昂纳多·迪卡普里奥经常说的话。他因为在电影里的经典桥段一直被观众记着。

不论在电影里还是在日常生活中，在一些非常正式的场合，与朋友见面时，设计交流场景、台词，甚至动作与表情，都是非常必要的，这不是做作，也不是弄虚作假，而是你给对方呈现最好的状态和最有记忆的印象，让别人想起你的频率更高。

和任何人交流，其实都可以有一套自己的社交台词。这个台词让别人对你的个人品牌印象深刻，你需要从你的日常素材中去寻找、收集和提炼这些台词。

在我们学习建立个人品牌的时候，不妨用这样的方式塑造自己鲜明的形象，因为真正的个人品牌建立与塑造更多来源于剧本里面的角色。人们为什么对剧本角色记忆深刻，但对演员的真名和真实性格却知之甚少呢？因为通过台词、演绎以及情绪表达，一个鲜活的形象植入人们的心智，这个鲜活的形象就会形成支点，形成社交筹码。

虽然我们不是演员，但是在生活中或所从事的职业里，通过各类社交媒体，我们俨然有一种直播的体验，有立场地表达自己，使人记忆深刻。卖货刷屏和没有感情的微信朋友圈三天可见，并不会带来高质量的人脉，只有持续的、有价值的表达才会使人对我们从默默关注到深度信任。

当我和他真正见面时，我们聊起了中国个人品牌 IP 商业时代崛起的话题，我提出我对这个领域未来的设想，以及关于个人品牌的设想和市场前景，因为与他有共同的商业兴趣和话题，我们迅速热络了起来。

当他问我的年龄时，我说出了提前准备好的台词：今天我们聊得很开心，如果平常我的客户问我的年龄，我会说我是 80后，这样会显得我成熟稳重一些，我和您特别有缘，我享受到您和您夫人的家宴款待，真诚换真诚，我实话告诉您，我是个 95 后。

贵人笑了笑，没说什么，我又接着说：“我创业这 5 年来，深刻地感受到，越有格局、越优秀的企业家，在听到我年龄的时候，会觉得在我身上看到他们年轻时奋斗的样子，比较支持我，我也特别感谢一路都有贵人相助。我越来越明白一位优秀的企业家会看到别人身上的优点，而非第一时间因为外在因素而抗拒去了解内在。”

我明显感觉到，在听我说完这两句话后，这位贵人被我打动了。分别时，这位贵人送我出门，他说：“我很愿意支持有想法还能落地的年轻人，如果未来你需要帮助，无论资源还是融资，你随时微信我，不需要写很详细的商业计划书，微信上简单告诉我你要做什么事，需要多少钱，需要什么人就行了。”

这个真实故事的一部分被我发布在我的朋友圈，形成了二次社群传播。

有认出他的朋友和我开始链接了更多的话题，也有人因为我的朋友圈故事和我交流。我记录下来这件事，分享了一个我用非商业行为打动商业行为的经历，以及在这个过程中的商业想象力和实现路径，使很多人感到惊奇。

我们不难发现，所有的社交场景都是一次强化个人品牌的机会，无论线上还是线下。如何把握社交中的技巧，有效打造个人品牌，拥有吸引贵人的体质，这不仅仅需要有意识、有方法、有系统地去建立个人品牌，还需要你关注每一句话、每一处细节。

人生如戏不是一句嘲讽，而是一种认真生活的哲学。

社交本身就是一场现实版的话剧表演，每个人都需要自己去编辑好自己的台词，要去刻意练习。每一段台词，都是你在社交时产生影响力的杠杆支点，这个支点是撬动你和别人关系的力量原点。

社交中的剧本台词，最终会形成我们自己的个人品牌印象，只有反复琢磨适合自己的台词，用工匠精神细究你的台词是否与自己身心合一，希望自己的个人品牌给人留下怎样的印象，用一种开放的心态，从内心深处认可自己，主动地分享自己的安全感和资源，我们越开放，所吸纳的资源就会越多，可以撬动的人脉也会越多，帮助自己的力量也会越多。

很多人守着一座金山却不知道如何开采，还有些人只把真诚当作万能的钥匙，殊不知真诚这把钥匙需要配合一些策略、技巧才能更有效地打开不同的人的心门。

现在我们再回头看一看前文提出的3个问题：

第一个问题：你目前的上司，或者你目前最大的合作伙伴，是你主动找到他们的，还是他们主动找到你的？

第二个问题：给你3小时，在100人的社交活动中，你能迅速结交多少个微信好友?

第三个问题：你想不想成为圈内行业的抢手人才，成为优质合作伙伴的首选搭档?

不难发现，这3个问题都可以归结为个人品牌、社群链接和产品。我们要主动出击寻找那些可以使我们事业发展得更好的贵人，就一定要想明白这三者之间的关系，以及自己现在处于什么段位，只有深刻地意识到这些，我们才能真正明白：

个人品牌的成长是做高一个人的估值。

个人社群的成长是做强一个人的链接。

个人产品的营销是成为一个人的武器。

想明白这三点，我们就会在短时间内获得高质量的社交，通过一场分享迅速把自己的影响力建立起来，争取获得更多个人公开分享的机会。

第22讲
社群带给职场人的机遇

社交平台上关于“星巴克挤满了不上班的人”的话题曾一度引起广泛关注和持续发酵，相关主题的文章不断霸屏朋友圈。38岁的哲学硕士失业后找工作屡屡碰壁，就连去应聘老家道观的道士，也因超龄被拒等类似中年人择业遇阻的例子比比皆是。

35岁，被称为绝大多数人的“职场枯荣线”，要么爬上绝对高位，要么自己创业成功，要么被职场离弃。人到中年，在家庭中也扮演着赚钱主力军的角色。然而，就业环境使曾经的精英人士转眼之间便光环不再。一些人为了不把失业的焦虑传递给家人，他们每天照常出门假装上班，把咖啡馆当作避难所。

新华网的调查显示，35岁以后，89.27%的人表示找工作太难了；智联招聘的调研也显示，求职过程中的年龄歧视有赶超学历歧视的趋势，年龄成为公司招聘的红线，35岁就像一道壁垒，冰冷地隔绝了大龄求职者。

一边是数百万名应届毕业生准备奔赴职场，一边是商业经营环境越来越艰难，对于公司来说，35岁以上的中年人，跟不上996的工作状态，还要照顾家庭，相较而言，公司更需要精力和时间充沛又不用付出高薪水的年轻人。

我的一位朋友曾经在一家为客户做知识产权保护的公司工作，十年如一日，她厌倦了每天毫无新鲜感的客户咨询、资料整理等工作，再加上她明显地感觉到公司对她这样有了孩子还要照顾家庭的职场妈妈的苛刻（她早晚要接送孩子，很难满足公司的加班需要）。直到有一天，同在一个学习型社群里的人加她好友，并向她咨询公司知识产权申请的事情……

她和这位没有见过面的微信好友聊得很好，也许是感动于陌生人的信任，她很认真负责地为对方解答了许多问题，对方直接把公司为研发产品申请专利的事情委托她去办理。她意外地收到了一笔顶得上一个月薪水的报酬。对于申请专利的公司来说，委托给公司要付的费用比支付给她的要多很多。

尝到了甜头的她终于按捺不住，她向公司提出了离职申请。她一直特别热爱学习，加入了很多付费的社群，因她一直在职场，所以没有时间过多参与社群互动，也就没有被更多人看见。

辞职之后，她梳理了自己可以提供的咨询服务内容，制作出精美的海报，在朋友的开导下，慢慢打开了自己，遇到在社群里做自我介绍和分享时，她主动抓住机会，使更多人看到她，知道她做的事。

她现在还做起了直播，在直播间里分享知识产权方面的知识，把从公域里吸引来的朋友引流到自己的微信号，直播结束后再进行答疑。她制订了不同类型服务的价目表，哪些内容作为客户引流，可以免费提供，哪些内容需要付费，在她心里有一杆秤。

她逐渐有了自己稳定的潜在客户群体，每天专注于做好答疑服务，她现在可以自由安排时间，没有了上班时无聊琐碎的事情，把精力都用在精准服务客户上，更不用面对她不擅长的人际关系，收入也比之前高了很多。

我和同住一个小区的朋友聊天，他说最近经常吃一家卤味小吃，特别过瘾，我就问他在哪里能够买到，他说："我拉你进她的微信群吧。这个人卖卤味都是在家里做好，然后在自己运营的群里告诉大家今日上新的产品。订单金额超过80元的免费送货上门，低于80元的自取。"

她的客户群体是怎么发展起来的呢？我后来主动在群里加她微信，和她聊了起来。一开始，她利用休息日在自己住的小区附近摆摊，让客户扫码进入她的微信群，进群之后，就会给客户一次抽奖的机会，奖品是一个鸡翅或鸡腿，大奖可能是一盒卤味，就这样，一个月就建起了一个超过300人的社群。

她有意识地用心做好产品，好让吃过她家卤味的人给她做传播。随着口碑效应，她又建立了第二个群，业余收入远远高于工作收入，于是，她果断创业做起了卤味，靠着几个微信群，每天营业额都过千元，每月纯收入达到了1.5万~2万元。

她万万没有想到，几个微信群，成了她创业的底盘，无需租场地，忙的时候请一个小时工帮忙送外卖，不忙的时候就自己送，一个人、几个群，方圆3公里的生意，使她的收入是之前的5倍。她正在酝酿依靠社群做更大的生意。

以上的例子发生在我身边，他们依靠社群，使他们的收入数倍于之前。

对于遇到职场瓶颈期的35岁中年人来说，可以好好思考用社群、朋友圈进行精细化运营，扩大职业半径，很可能在短时间内以低成本找到自己的客户，如果自己有产品，就销售自己的产品；如果自己没有产品，就去推广优质平台的产品，不用地推和广告投放，借助社群依然可以得到很好的收入。

复盘时刻

1. 所有的社交场景都是一次强化个人品牌的机会，无论线上还是线下。要把握社交中的技巧，有效打造个人品牌，拥有吸引贵人的体质，这不仅仅需要有意识、有方法、有系统地去建立个人品牌，还需要你关注每一句话、每一处细节。

2. 社群是互联网时代赋予链接最好的工具，这个工具可以通向世界的任何一处，跨越五大维度，实现链接的高效性。

3. 社群的信息穿透力比许多单向传播载体更强，同样都是信息，但社群传播的信息是多元的、互动的，社群式的讨论是心与心的连接。

4. 社交网络是你的力量，但如何运用社交网络才是你的杠杆。

5. 遇到对的人，不是靠撞运气，而是靠识别。只有见过的人的基数足够大，才能真正识别出对的人。

6. 对的人才是成事的基础，才是事情发展走向的关键。社群是我们找到关键人物的重要的新工具。

7. 在成长的路上结交贵人，深交良友，正是这些看似不经意而又环环相扣的细节与人物，才聚积出今天的商业巨变。

8. 个人品牌的本质是做高一个人的估值；个人社群的本质是做强一个人的链接；个人产品的本质是成为一个人的武器。

9. 读万卷书不如行万里路，行万里路不如阅人无数；阅人无数不如阅群无数，阅群无数才有高人指路。

4

第四章

企业用好社群，聚势而成

Introduction

未来的企业与员工之间不再是简单的雇佣关系，

而是共创共生、造势借势和相互依存利好的关系。

企业所有员工、客户、代理商、合作方共建一个良好运转的社群生态，

会变成企业的拓展渠道、宣传渠道和经营渠道。

第23讲
社群的持续进化

社群对人类文明的发展起着重要作用，反映了人类社会的组织方式和相互关系，包含了人类生产、生活的方方面面。在以色列著名历史学家尤瓦尔·赫拉利创作的《简史三部曲》中，作者描述了从古至今社群的组成形式、群体身份认同感的演变，以及这种演变对世界发展轨迹的影响。

在历史的进程中，社群大致经历了4个不同的进化阶段：原始社群和部落、农业城邦社群、国家和帝国、现代社会中的抽象社群。

在早期人类社会中，原始社群和部落是主要的社交组织形式。这些社群基于家庭和血缘关系，人们共同生活、合作和保护自己

社群的演变

的利益。在这个阶段，社群就是确保个体生存和繁衍的基础，也是文化、价值观和传统的形成之地。

农业革命导致了农耕社会的兴起，人们开始定居下来并建立农业社群。建设城市使城邦成为新的社群形式。城邦是基于地理和政治辖区的社会组织，人们在城市中开展交流、贸易和政治活动。城邦带来了更大规模的社交网络和多元文化的交融。

国家的形成和扩张使人们对社群的认同逐渐转向国家。在国家和帝国时代，共同的政治体系和领土成为社群的依据，人们以国家的名义团结、战斗和建设。这种形式的社群认同在现代社会中仍然存在，国家意识成为人们思想中的一部分。

随着现代化进程的加速，人们开始加入各种抽象的社群。宗教、政治组织、职业协会、线上社交网络等形式的社群超越了地域和血缘关系，其建立在共同的信仰、价值观或兴趣爱好的基础上。这些社群提供了更广泛、更多元化的社交网络，满足了个体的认同需求。

早期的人类社会主要依靠亲属关系、部落或族群等小规模群体来建立身份认同。随着农业革命和城市化的到来，人们逐渐形成了更大规模的群体身份感。例如，国家和宗教等共同的价值观开始在人类社会中发挥重要作用，使得人们可以超越家庭和部落的身份认同，并以更广泛的身份作为自己的归属。

到了现代社会，随着科技的发展和全球化的加速，个体身份的认同逐渐突显，人们更加关注个体的价值和需求。那些具有特定身份的人成为时代的焦点，而支持和喜欢他们的人群，也构成了以这个人为核心的社群，如知名企业家及影视、体育明星等，他们背后都有一群支持和喜欢他们的粉丝。

科技互联网给社群注入了新的、更具价值和意义的形式，这种形式可谓精彩纷呈，并兼具实用、便捷和魔幻想象 。各类网站、App使具有某一类行为的人聚集在一起；微信生态使网络群居大放异彩，从微信到微信群，社群不仅改变了人类生活饮食起居的方方面面，更革了传统商业模式的命。

人群是推动一切胜负、荣衰的力量，没有人群，就构不成线下社群生态，没有交易，就没有生产，没有生产就意味着许多人要失业，经济和金融体系就会崩塌。疫情期间，在不能出门的日子里，抖音、快手等平台快速崛起，涌现出一大批不同类型的直播带货网红。

伴随着人工智能的兴起，社群必将走向一个更加崭新的进化阶段。

在这个背景下，虚拟社群和线下社交会更加融合，通过增强现实（AR）、虚拟现实（VR）等技术，人们可以在虚拟空间中有更丰富、更真实的社交体验，将线上和线下社交更加无缝地连接起来。

随着科技的发展，社群可能更注重个性化和定制化的需求。那些具有特定兴趣、价值观和需求的社群组织将得到更多关注，满足人们追求个性化认同和互动的需求。人们也会越来越容易跨越地理和文化的边界来建立社群联系。未来社群的发展可能更加强调全球视野和跨文化的交流，促进不同背景和国籍的人们共同参与和合作。

在社群的运营和管理上，可能会更加注重内部治理和自我管理。随着社群规模的扩大和复杂性的增加，社群成员会更加积极地参与社群的决策和管理，实现更平等和民主的组织形式。

在数字化时代，数据隐私和社群安全将成为重要的话题。社群需要更好地保护成员的个人信息和隐私，并制订相应的安全措施以防范网络攻击和信息滥用。

在学术层面，未来社群可能更加注重跨学科和跨界合作。面对复杂的社会问题和挑战，社群会联合不同领域的专家、组织和利益相关者，共同探索解决方案。

总的来说，未来社群演变的趋势包括线上虚拟社群与线下社交的融合，更加强调个性化和定制化、全球化和跨文化社群的发展、社群治理和自我管理、数据隐私和社群安全，以及跨学科和跨界合作的兴起。

这些趋势受技术、社会和文化等多种因素的影响，将进一步塑造和改变未来社群的面貌，同时也改变着企业、个体的商业运行模式。

任何一种时代的刚需产品，只要插上社群这对翅膀，其余的就是将标准化内容复制，做好社群的宣发及情绪价值的输出，用小团队去撬动几万，甚至几十万的社群流量，用自家的产品和服务触达庞大的群体。

第24讲
企业数字化转型是一场没有终点的马拉松

自2020年初以来，全球范围内的工作与生活模式发生了翻天覆地的变化。传统的办公场景逐渐被家庭书房、咖啡馆甚至户外环境所取代，这一现象不仅说明了技术的飞速进步，也更深层次地推进了企业数字化时代的到来。

前面我分享了社群、人群与人三者在运营过程中的变化，现在我想从这一视角扩展到企业运营的层面，我们不难发现，数字化正在以前所未有的力量重塑着每一个行业。

在这场数字化浪潮中，Web3.0技术的兴起更是为企业带来了前所未有的机遇与挑战。区块链、去中心化应用、加密货币等概念不再遥不可及，而是逐渐融入企业的日常运营。数字化分布式办公与Web3.0营销的结合，正在开启一个全新的商业时代。

一、数字化分布式办公：无边界的高效协同

分布式办公，顾名思义，是指团队成员不受地理位置限制，通过互联网和数字化工具实现高效协同办公的模式。这种办公模式打破了传统办公室的束缚，让人才资源得以在全球范围内自由流动。前面我提到社群拥有跨越时空的链接能力，这与分布式办公的理念不谋而合。在分布式办公环境下，团队成员可以随时随地接入工作系统，实现信息的即时共享与任务的协同推进。

所以，分布式办公的优势显而易见：首先，它能够显著降低企业的运营成本，包括租赁办公场所、购置办公设备等费用；其次，它能够吸引并留住全球范围内的优秀人才，提升企业的核心竞争力；最后，分布式办公有助于提升工作效率与灵活性，使团队成员能够在最适合自己的时间段内高效完成任务。

要实现高效的分布式办公，企业需要从多个方面入手。首先，建立统一的数字化工作平台是关键，这一平台要支持多终端接入、实时通信、任务分配与跟踪等功能，确保团队成员能够无缝协作；

其次，企业应制定明确的沟通规范与工作流程，避免因信息不对称导致的误解与延误；最后，企业应重视团队成员的培训与激励，提升他们的数字化技能与协同意识。

国外的企业如亚马逊、脸书，国内的企业如字节跳动、京东等，都开始使用分布式办公的工作模式。尤其是跨境电商企业，通过搭建高效的数字化工作平台，实现了全球范围内的供应链协同。从商品采购、仓储管理到物流配送，每一个环节都能够在平台上实现信息的即时共享与任务的精确分配。这种高效协同不仅提升了企业的运营效率，还显著降低了运营成本，帮助企业在激烈的市场竞争中脱颖而出。

二、赋能企业高效运营的数字化工具

各类数字化协同工具如雨后春笋般涌现，为企业运营提供了强大的技术支持。从项目管理软件、在线协作平台到智能化客服系统，这些工具都覆盖了企业运营的方方面面。它们不仅能够帮助企业实现信息的快速传递与任务的精确分配，还能够通过数据分析与智能推荐等功能，为企业决策提供有力支持。下表是国内企业高频使用的办公协作工具参考。

序号	软件名	软件介绍
1	钉钉	阿里巴巴旗下的智能移动办公平台，提供考勤打卡、视频会议、任务管理等功能，优势在于整合了通信与协同办公，提升团队沟通效率
2	企业微信	微信团队打造的企业通信与办公工具，支持微信互通，方便企业内部及外部沟通，优势在于无缝连接微信生态，便于商务拓展
3	飞书	字节跳动推出的企业协作平台，集成了文档、表格、PPT 等在线协作工具，优势在于一体化的文档协作体验，提升团队创作效率
4	腾讯文档	支持多人实时在线编辑的文档工具，可跨平台操作，优势在于方便团队成员远程协作编辑文档
5	石墨文档	云端实时协作的文档工具，提供多种文档格式支持，优势在于实时同步和版本控制，确保数据安全
6	有道云笔记	一款多功能笔记应用，支持文字、图片、语音等多种形式记录，优势在于云端同步，随时随地查看和管理笔记
7	Trello	基于卡片的协作工具，适用于任务管理和团队协作，优势在于可视化强，易于上手，支持多种自定义设置
8	Jira	由 Atlassian 开发的缺陷跟踪系统，适用于软件开发团队，优势在于强大的工作流管理和问题追踪能力

续表

序号	软件名	软件介绍
9	Confluence	Atlassian旗下的团队协作和知识管理工具，支持创建、分享和存储企业知识，优势在于促进团队信息共享和知识沉淀
10	Zoom	视频会议软件，提供高清视频通话和屏幕共享功能，优势在于稳定的视频通话质量和丰富的会议功能
11	腾讯会议	腾讯推出的云视频会议产品，支持手机、电脑、小程序一键入会，优势在于易用性和兼容性强
12	钉钉会议	钉钉内置的视频会议功能，支持多端同步参会，优势在于与钉钉办公平台无缝对接，提升会议效率
13	Teambition	阿里云出品的团队协作工具，提供项目管理、任务管理、文档协作等功能，优势在于全面的团队协作解决方案
14	Worktile	一站式企业协作与管理平台，集成项目管理、OKR目标管理、审批流程等功能，优势在于灵活定制，满足企业个性化需求

以项目管理软件为例，以上部分工具完全能够帮助企业实现对项目进度的实时监控与调整。通过甘特图、看板等可视化工具，团队成员能够清晰地了解项目的整体进展与各自的任务分工。同时，项目管理软件还能够提供丰富的报表与数据分析功能，帮助

企业快速洞察项目风险与潜在机会。

将聊天机器人植入在我们的社群中，我们的会议记录和交流记录就可以自动生成当日的工作总结与重点工作提炼，在这种大量的交互下，随着时间和交流沉淀下来的信息就会培育出属于一个团队、一个社群、一个企业专属的大语言模式，那么在未来企业面临决策摇摆不定的时候，长期潜伏在我们社群中一同协同办公的聊天机器人可能比所有同事都更加清楚当下最适合企业的决策是什么，因为它走过了解、陪伴、深入等企业的每一个发展周期，比企业更懂企业，比人更了解自己。

要实现数字化工具的有效落地，企业需要采取一系列具体措施。企业要十分了解自身的业务需求与痛点，匹配最适合的数字化工具进行部署工作，加强对团队成员的培训与引导，确保大家都能够熟练掌握工具的使用方法。此外，企业需要建立完善的反馈机制，及时收集并处理团队成员在使用过程中遇到的问题与建议。

高频率使用数字化办公工具的企业，一定有金融企业，因为金融企业需要层层把关，做好资金的审批。金融企业会率先享受到数字化办公的优势，大大降低人工操作的风险，通过引入先进的数字化工具，实现业务流程的全面优化。例如，从客户申请、风险评估到贷款发放，每一个环节都能够在数字化工具的辅助下高效完成。同时，企业还可以通过智能风控系统对贷款风险进行实时监控与预警，有效降低不良贷款率。这不仅能提升企业的运营效率与盈利能力，还能为企业赢得良好的市场口碑。

所以数字化办公工具的使用频率、融合概率，往往与经营企业的风险高低直接相关。越是不可控的事情，越希望通过技术标准化提高可控概率。

三、企业数字化转型：从理念到实践

企业要实现可持续发展，就必须顺应时代潮流进行数字化转型。数字化转型不仅能够帮助企业提升运营效率与创新能力，还能够增强企业的市场竞争力与抗风险能力。通过构建统一的数字化平台与数据体系，企业能够实现资源的优化配置与业务流程的高效协同；通过引入智能化分析工具与决策支持系统，企业能够快速洞察市场变化与客户需求；通过构建开放共享的生态体系与跨界合作的创新模式，企业能够不断拓展新的业务领域与市场空间。

企业数字化转型的路径与方法多种多样，但总体上可以归纳为以下几个方面：

一是明确转型目标与愿景，制定清晰的战略规划与路线图；二是加强组织架构与流程优化，推动企业内部管理的数字化升级；三是加大技术创新与研发投入，推动产品与服务的智能化升级；四是构建开放共享的生态体系与跨界合作的创新模式，拓展新的业务领域与市场空间；五是加强人才培养与团队建设，提升员工的数字化技能与协同意识。

我们以制造型企业为例。通过数字化转型，我们要优先考虑如何帮助传统的制造工厂，实现生产效率与产品质量的显著提升。那么企业引入先进的智能制造系统与自动化生产线，可以实现生产过程的精确控制与高效协同，还可以通过构建统一的数据平台与智能分析系统，实现对生产数据的实时监控与深入分析。这一系列抓住传统制造业生产的节点，不断优化完善制造过程，可以显著提升企业的生产效率与产品质量，为传统制造型企业赢得更广阔的市场空间与发展机遇，也意味着过去单纯依靠人力发展的制造型企业正在逐渐失去竞争力。

四、数字化企业加快了web3.0营销的发展

Web3.0营销是指基于Web3.0技术的新型营销模式。它利用区块链、去中心化应用、加密货币等前沿技术，构建了一个更加开放、透明、可信的营销生态体系。与传统营销模式相比，Web3.0营销具有以下显著特点：一是强调用户主权与数据隐私保护；二是实现品牌与用户的深度互动与即时反馈；三是推动产品与服务的个性化定制与创新迭代；四是构建基于共识与信任的社群经济模式。

要实现Web3.0营销的有效落地，企业需要采取一系列具体措施。首先，企业应深入了解Web3.0技术的特点与应用场景，选择最适合的技术路径进行探索与实践；其次，企业应注重用户体验与反馈机制的建设，通过去中心化应用与加密货币等手段提升用户的参与感与忠诚度；最后，企业应积极探索跨界合作与生态共建的模式，与其他领域的优质资源实现优势互补和协同发展。

这样的方式，大概率会有电商+社群=团购形式的平台率先

实现场景应用，它们可以通过引入NFT（非同质化代币）技术实现与用户的深度互动与即时反馈，推出一系列限量版NFT商品，吸引大量数字原生代的关注与参与。社群成员可以通过购买NFT商品获得独特的数字资产与专属权益，同时还能够参与平台的治理与决策过程。这种新型营销模式不仅可以提升用户的参与感与忠诚度，还能为平台带来丰厚的商业回报。

所以懂得运营社群，以及懂得使用数字化工具的复合型人才，是未来最值钱的人才。因为无边界调动人力资源，且知道如何协同各方信息做到目标一致，除了需要极强的协作能力，还需要凝聚社群成员成为意见领袖。

五、数字化办公与企业数字化转型是一场没有终点的马拉松

虽然数字化已经成为了企业发展探索的日常，但是在这场赛跑中没有终点，只有中点站。我在这本书里面大量阐述了社群力量对个人成长与企业发展的推动作用，又将这一视角扩展到更广阔的企业运营层面，我们不难发现：数字化分布式办公与Web3.0营销的结合正是这股力量在企业领域的生动体现。通过构建高效的数

字化工作平台、引入先进的数字化工具与智能设备、推动企业数字化转型与Web3.0营销创新实践等措施，我们能够不断提升企业的运营效率与创新能力，拓展新的业务领域与市场空间。

在这个过程中，保持开放的心态与探索的精神，不断学习与进步，我们才能穿越屏幕实现无界办公，探索企业数字化转型的奇旅。

第 25 讲
聊天机器人在社群中的革命性力量

社群运营已经成为企业与个人不可或缺的一部分，前面我用了一些案例与个人的经历分享了社群对个人和企业发展成长的重要性。但许多人对运营好一个社群犯怵，或许有过运营失败的经历，也或者是正深陷其中忙得不可开交，透支了心力和时间。我也是这样过来的，所以自从 AI 智能席卷各行各业时，我看到了一个人也可以做好社群的可能性，而最大的变革就是在社群中嵌入聊天机器人。

聊天机器人可以渗透到社群运营的每一个角落，以高效、智能的特点，为社群运营带来了革命性的变革。作为深耕社群多年的实践者，我深知聊天机器人的出现会加速社群进化发展，它会在提升社群活跃度、增强用户黏性、优化运营策略等方面展现出巨大的潜力。

一、社群运营的新挑战与机遇

在过去，我们社群运营主要依赖人工，这不仅耗费大量的人力、物力，还难以保证运营效率和用户体验，因为每个运营人的认知、思维、能力参差不齐，所以最后社群运营的结果相差甚远。随着社群规模的不断扩大，信息量的激增，使得传统的人工运营方式愈发显得力不从心。与此同时，用户对社群服务的需求也在不断提升，因为我们好不容易让社群的打开率变得更高了，群成员对群主、群管理员、群氛围的需求也会日渐变高，想要长期可持续维持这样的先创，大家一定是更加渴望获得更多个性化、即时化的服务体验。正是在这样的背景下，在社群中嵌入聊天机器人的市场需求应运而生，为社群运营带来了新的挑战与机遇。

二、聊天机器人的基本功能与应用场景

聊天机器人在社群运营中的应用非常广泛，基本功能包括但不限于自动回复、智能推荐、情绪识别等。我们可以详细探讨一下这些功能在社群运营中的具体应用场景。

自动回复：面对海量的社群成员的咨询，聊天机器人能够迅速响应并提供标准答案。无论是对常见问题的解答，还是服务时间的告知，聊天机器人都能在第一时间内给予用户反馈。这不仅能够提升用户满意度，还能有效减少人工客服的工作压力。

智能推荐：基于社群成员的聊天记录、历史行为、兴趣讨论和偏好数据，聊天机器人能够为社群成员们进行推荐相关的内容或产品。例如，在电商社群中，聊天机器人可以根据用户的兴趣喜好推荐商品；在教育社群中，聊天机器人可以推荐适合社群中学员的课程或资料。这种个性化的推荐方式能够显著提升社群成员的参与度和转化率。

情绪识别：聊天机器人还具备情绪识别的能力，能够通过分析社群成员的语气和表情符号来判断其情绪状态。当社群成员表达不满或疑惑时，聊天机器人可以及时引导其向人工客服求助或提供解决方案；当社群成员表达满意或感谢时，则可以趁机邀请其分享经验或参与社群活动。这种情感化的交互方式能够增强社群成员对品牌的归属感和忠诚度。

三、智能化社群运营正在实现

虽然说运营好一个社群不是一件容易的事情，但是有了聊天机器人，运营好一个社群会事半功倍，聊天机器人嵌入社群陪伴潜在客户，完成产品的售前种草、售中介绍与转化、售后的跟进与维护等一系列的工作。特别是在电商行业、教育行业等高频率地与人打交道的行业中，对聊天机器人会有更大的需求。

电商行业可以通过引入聊天机器人来提升社群服务质量。尤其是在“双 11”等大促活动期间，聊天机器人更可以发挥巨大作用，通过分析社群成员过往的聊天记录可以推测其购物需求、消费行为，为每一个人推送个性化的优惠信息和购物攻略，这不仅提升了用户的购物体验，自然还带动了平台销售额。每一个人的需求其实都藏在与人的交流里，这些交流信息可以让聊天机器人更好识别个人需求。沟通记录的大数据可更好驯化每个人专属的生活机器人，未来有一天，聊天机器人可能比人们更了解自己的需要，参与人们生活、工作、家庭的各方面。

教育行业的社群聊天机器人不仅能够解答学员们的常见问题，还能根据学员们的学习进度和兴趣推荐相关课程和学习资料。此外，聊天机器人其实也可以通过交流的信息，甚至是摄像头识别正在输入发送信息的人的情绪，扑捉到个人的微表情了解到个人的心情，因此就可以更加及时发现学员的负面情绪并引导其向班主任或心理咨询师求助。这种全方位的辅导方式能更好地赢得学员和家长的广泛好评，有效提升社群的活跃度和满意度。

四、聊天机器人对社群运营模式的变革

聊天机器人的引入不仅提升了社群运营的效率和质量，还深刻地改变了传统的社群运营模式。以下是一些具体的变革点。

高效响应与个性化服务：聊天机器人能够迅速响应用户需求并提供个性化服务，这大大提升了用户的满意度和黏性。传统的人工客服往往难以同时处理大量咨询请求，而聊天机器人则能够全天候在线为用户提供即时服务。

精准数据分析与策略优化：聊天机器人通过收集用户的历史行为和偏好数据，为社群运营者提供了丰富的数据支持。基于这些数据，社群运营者可以更加精准地分析用户需求和市场趋势，从而制定出更加有效的运营策略。

增强用户的参与感和互动性：聊天机器人不仅能够提供基础的服务支持，还能通过智能推荐和情绪识别等功能增强用户的参与感和互动性。例如，在社群活动中引入聊天机器人作为互动助手，可以引导用户参与话题讨论、分享经验心得等，从而提升社群的活跃度和凝聚力。

五、聊天机器人在社群应用中的挑战与未来

尽管聊天机器人在社群运营中展现出了巨大的潜力，但现在的发展仍面临一些挑战。例如，技术成熟度不足、用户接受度不高等问题仍需解决。相信随着AI技术的不断发展，聊天机器人会不断迭代升级以满足使用者日益增长的需求。

聊天机器人在社群运营中的应用前景也将更加广阔。随着自然语言处理、深度学习等技术的不断进步，聊天机器人的智能化水平将不断提升；同时，随着5G、6G、物联网等新型基础设施的普及和应用场景的拓展，聊天机器人将与更多领域实现深度融合和创新应用。我们有理由相信，在不久的将来，聊天机器人将成为社群运营中不可或缺的重要力量，一定可以为推动社群经济的繁荣发展贡献更大力量。

在这个智能化时代，我们完全可以想象，聊天机器人一定会以其独特的魅力和优势引领着社群运营的新变革。作为社群运营者我们应该大胆积极拥抱这一趋势，深入挖掘聊天机器人的潜力，将其融入我们的日常工作以提升社群的服务质量和用户体验，共同推动社群经济的繁荣发展。同时我们也应该保持清醒的头脑，正视聊天机器人在发展过程中可能会出现的挑战和问题，但没关系，因为只有不断探索和创新才能不断向前发展，为实现更加智能化、高效化的社群运营贡献智慧和力量。

第26讲
社群让管理者拥有社交愈合力

知名作家水木然在互联网上分享道："社会的文明程度越高，外表穿着光鲜、内心千疮百孔的人就会越多。"这段话看似扎心却是事实，让我顿时觉得清醒。

为什么会这样？

在这个时代，大脑需要处理各种错综复杂的人际关系和舆论信息，在冲撞中面对可能出现的紊乱是绝大多数人需要面对的课题。

过去，我们会经常看到，夫妻之间、朋友之间出现了摩擦，找个双方都认识的第三人来说和说和，在这边说一说那边的好，在那边说一说这边的好，使出现隔阂的两个人都能认识到对方的好，两边传个话，要懂得彼此珍惜。即使在一个村镇上，也有这样的说和者，因为这个身份，他们被邀请做各种关系的修复者。

时代变了，社交的载体也发生了本质的变化。个体独立生活的现象越来越普遍，但个体并不是孤立的，只是把社交的场景更多地搬到了互联网上，更确切地说是转移至微信生态圈里，当然，论坛、贴吧、媒体的互动区也是社交的载体，但不是最主要的交流场景。

人们在社群里寻找情感和情绪的承接者，渴望通过认识新的人群来治愈自己的迷茫，缓解工作上的压力及各种紧张的关系。

诚然，社群无数倍增大了人与人之间擦肩的机会，在社群生态里因为有些人具备某种技能、特长从而成为被关注的意见领袖，对其的关注度随着影响力像波浪一圈一圈地向外辐射。

这样的人被称为社交愈合者。愈合在医学上的意思是疮口或伤口长好。愈合者在社交上指那些有能力用专业知识、资源、情感，给他人带来积极能量的人；还有就是能够作为第三方让一段社交关系得到修复的人。

社交愈合者应该具备通过自身某项特质而打开社交局面的能力，其特长、特质就是他们的信任背书；社交愈合者懂得实现自我价值的最好方式就是传递价值，他们更善于助力别人，成为一个被需要者，成为他人的支点，不怕多付出，也不担心付出后没有回报；社交愈合者普遍具有关爱精神，他们同理心强，善于倾听，知道爱出者爱返，福往者福来。

曾有文章总结：生存压力、情感创伤、社会适应障碍、自信缺失、选择困难、社交恐惧、分裂心理、抑郁焦虑心理、强迫心理，解决这些问题需要更多的社交愈合者，他们以愈合他人的方式去实现自己的人生价值。

社交愈合者的关系角色是可以互相转换的。在一个方面被他人治愈的人，也可能在另一个方面去治愈他人。优质的社交关系具有相互性，社交愈合是一个三连、多连的网状现象，愈合者也需要被愈合，只是需要愈合的方面不一样。社交愈合者是在自身专业领域搭建高价值社交圈子的影响力源点。拥有不同特质和专业属性的社交愈合者，构成了社交网络中进行价值传递的强关系纽带。

被伤害源于眼界、需求被无限放大之后的欲望和利益；人们对于感觉、感受、感知、感性的内容越来越敏感；买东西、吃东西、处理各种关系都越来越感性化，追求情绪的表达和体验感；越来越多的人需要一个表达情绪和释放压力的出口；微信现在有超过10亿用户的体量，已经建立了在移动互联网时代最稳固的社交网络关系，其地位无法被撼动。

这个时代最容易脱颖而出的人群不是社牛、社恐，更不是社交“悍匪”，而是能在社交关系中，既具备自愈属性，又能疗愈他人的社交愈合者。在社交生态圈里，人们在构建社交资产的同时，寻找社交愈合者也成为刚需。

在企业管理中，社交愈合能力不仅体现在管理者要在工作中给予下属更多的倾听与沟通、关怀和支持、赞赏与反馈；营造好团队氛围，培养员工之间的合作与团队凝聚力；更体现在如何开展员工的情绪管理，及时了解团队成员之间在工作中是否有摩擦，激发员工参与感和归属感；更多地给予团队在生活上的关注和陪伴，员工的家庭情感等问题也会成为影响工作的重要因素。

管理者要做好员工的情感管理，需要注重沟通、关怀、合作和问题解决等方面。通过建立良好的工作氛围和文化，为其提供支持和发展的机会，增强员工的情感认同和参与感，这将有助于提高员工的工作满意度、凝聚力和绩效。

管理者的社交愈合能力

第27讲
人机协作，第三方工具让运营管理得心应手

当我们需要批量管理大量的社群成员时，人力成本会成为社群运营的最大成本，原始的人力劳动难以持续有效支撑运营，所以如何高效、精准地管理社群，提升用户体验与参与度，成为每个运营者面临的重大挑战。

随着社群运营管理的需求出现，第三方社群管理工具如雨后春笋般涌现，为人机协作提供了强大的支撑。人机协作通过将人类智慧与机器效率相结合，实现了社群运营的高效与精准。人类负责情感交流、策略制定与创意内容创作，而机器则擅长处理海量数据、自动化操作与个性化推荐。两者相辅相成，共同打造了一个充满活力与个性化的社群生态。

本讲和大家分享我曾经使用过的一些第三方工具，在使用它们的过程中，我了解了它们的功能以及在社群中应用的场景，希望这些第三方工具可以方便读者朋友，在尝试建立自己的社群时找到适合自己的第三方工具。

一、第三方工具在社群运营中的实践应用

1. 入群欢迎与自动化管理

工具推荐：wetool、社群助手、小U管家

实践应用：

个性化欢迎语——利用这些工具，为不同属性（如性别、地域、兴趣标签）的新成员设置个性化欢迎语，让成员感受到社群的关怀与温度。

关键词自动回复——预设常见问题与关键词回复规则，自动解答成员疑问，减轻运营者负担，同时确保问题得到及时回复。

自动踢人功能——对于广告党、恶意刷屏等行为，设置自动踢人规则，维护社群环境健康。

实战案例：教育类型的社群特别适合，因为这类社群与人群交互频率高，如通过wetool设置了关键词自动回复，成员提问后几乎能秒速得到解答，极大提升了用户体验与满意度。

2. 群内互动与氛围营造

工具推荐：聊天宝、群裂变工具（如建群宝）

实践应用：

互动游戏与抽奖——利用聊天宝设计群内互动游戏、抽奖活动等，激发成员参与热情，增强社群凝聚力。

话题讨论与引导——定期发布热门话题，引导成员参与讨论，同时利用机器监控讨论质量，及时引导话题方向。

群裂变增长——通过建群宝等工具设计裂变活动，鼓励成员邀请新成员加入，快速扩大社群规模。

实战案例：曾有美妆类型的社群利用群裂变工具成功举办了“邀请好友赢取大牌口红”活动，一周内社群成员数量增长了3倍，同时新成员的活跃度与购买转化率均显著提升。

3. 数据分析与用户洞察

工具推荐：神策数据、友盟+、微伴助手

实践应用：

全面监控社群数据——包括成员活跃度、互动频率、内容偏好等，为运营策略提供数据支持。

用户画像构建——通过数据分析构建用户画像，了解不同用户群体的需求与行为特征。

精准营销策略制定——基于用户画像与数据分析结果，制定个性化营销策略，提升转化率与复购率。

实战案例：母婴类型的社群利用神策数据深入分析用户行为数据，发现年轻妈妈群体对婴儿辅食需求旺盛，社群随后推出了一系列婴儿辅食推荐文章与直播活动，成功吸引了大量目标用户参与购买。

4. 内容创作与分发

工具推荐：易企秀、MAKA、剪映、快剪辑、腾讯课堂、小

鹅通

实践应用：

多样化内容创作——利用H5制作工具、短视频软件，创作图文、视频等多种形式的内容，满足不同用户群体的需求。

一键分发与多渠道推广——将创作好的内容一键分享至微信群、朋友圈、微博等多渠道和平台，扩大内容传播范围。

直播互动——通过直播工具举办产品发布会、知识分享会等活动，增强用户参与感与购买欲望。

实战案例：健身类型的社群可以利用剪映制作一系列健身教程短视频，并在微信群与抖音平台同步分发。短视频以其直观、生动的特点迅速吸引了大量用户。

5. 客户关系管理与营销自动化

工具推荐：SCRM、微伴助手

实践应用：

客户档案建立与管理——通过SCRM系统建立完整的客户

档案，记录基本信息、互动历史、购买记录等关键数据。

个性化推荐与自动化营销——基于客户画像与行为数据，实现个性化内容推荐与自动化营销流程设计，提升转化率与复购率。

客户关怀与售后服务——利用工具自动发送生日祝福、节日问候等信息，增强客户忠诚度与归属感。

实战案例：电商类型的平台社群利用SCRM系统对用户进行精细化管理。通过分析用户购买行为与偏好数据，为不同用户群体推送定制化商品推荐与优惠券信息。不仅提升了用户转化率还显著增强了用户黏性。

二、人机协作让人人都有机会成为社群高手

随着技术的不断进步与社群运营需求的日益复杂化，人机协作将成为社群运营的标配。未来，第三方社群管理工具将更加智能化、个性化与场景化，为运营者提供更加便捷、高效的操作体验，还能为社群成员带来更加优质、个性化的体验。

第28讲
素材工厂，企业宣传的快车道

在线上社群高效、快捷的社交驱动下，企业数字化分布式办公发挥的作用越来越明显，员工的绝大部分工作以数字化办公的形式开展，减少了通勤时间，并将这些时间用于工作；企业降低办公室工位及水电、物业等费用的开支，更重要的是，公司的销售、活动主持、法务等非日常岗位可采用兼职的形式，为企业降本增效。

以前，展示一家企业实力最好的方式或许是实体店铺的数量、面积及装潢等，或者举办一场大型活动来展示丰富人脉和招商能力，但现在判断一家企业实力强弱的方式逐渐从线下转移到线上，人们更关注这家企业的全网流量、阅读量、关注度、粉丝数、关注者等数字化资产。

一家企业的实力单纯靠线下门店已经是过去式了，线上的视觉展示能更好地传达企业的审美、认知、团队水平等。一套高标准不断更新的宣传企业文化、产品及服务的素材工厂，为每一个企业的数字化办公提供保障。

一、素材工厂

素材工厂相当于把企业品宣工作升级为内容生产商，使代理和渠道、消费者、粉丝及客户都变成自己的宣发渠道，将企业的所有动态同步给外界，减少信息差，任何人都可以更方便地了解企业发展的成长与变化。

素材工厂提高了多人沟通的效率，一旦形成共识，解释成本就会降低，哪怕彼此不了解，但因为同一篇文章、同一张图片、同一个视频、同一段音乐或对某个新事物有同样的了解，人们相见时话题就打开了。

每一个面向消费市场的企业必须建立素材工厂，任何一个陌生人都可以通过网络快速了解和信任企业的品牌，对品牌的了解不再仅依靠线下门店，而其宣传海报、海报的气质、海报的文案、海报的视觉呈现都会使消费者对一家企业的品牌产生好奇，他们开始逐步了解，这才会有后续的故事。

素材工厂也是把企业每一名员工、客户变成销售人员的工具，每一个人都能更加方便地了解企业的动向，企业所有的人都是对外宣传的通道。素材工厂更好地统一了外界对企业的认识，是了解企业动态的窗口。

未来再小的个体，都会具有影响力。当我们把“一个独立的人”当成“一群人”去看待的时候，就会格外在意对方所接收到的信息，对方极有可能与他们圈子里的人分享这些信息，我们影响一个人就是影响他身边的一群人。对方会交流怎样的信息，浏览什么图片和视频，这些内容都会成为对方第一时间传达出去的信息。如果一个人的手里没有可以随时随地打开手机就能展示的资料，那么这就会加大解释成本，可能造成信息差，甚至因为没有充足的素材资料，使对方在短时间内不能了解自己正在从事的工作、单位信息，对方会感觉分享者不够专业，信任就会大打折扣。建设好素材工厂成了企业数字化转型的必修课。

一旦素材工厂建成，员工、客户都可以变成宣传企业的渠道。使用素材工厂进行微信朋友圈一键转发，假如有100个人使用，那么就是100x1000=100000次的最低曝光量（1000人是人均微信好友数量），如果是1万人使用，那么素材工厂中的内容就有可能被浏览1千万次，这相当于一家中型卫视电视台的宣传曝光规模。

现在几乎每一家公司都在经历微商化，微信已经成了中国社交媒体中的重要平台，几乎没有人不使用微信，我们必须重视微信生态圈的商业环境。不论基于微信，还是方便用户在其他社交平台介绍企业和产品，企业要想转型做好数字化营销，就必须做好素材工厂的建设，降低用户解释成本，实现隔着屏幕也能帮助代理商、经销商、合作方推荐、种草企业或产品，企业业绩就会呈指数级增长。

二、搭建素材工厂的步骤

1. 借助现有工具和系统，实现企业的素材工厂一步到位

现在有非常多的微信小程序支持一键复制粘贴，将内容粘贴至朋友圈或者其他社交媒体，方便快捷，只需要简单搬运就可以

实现企业宣传。建立素材工厂，使企业宣传整齐划一的意识已经被更多的人重视。

素材工厂中企业的文字介绍不要太长，视频时长控制在2分钟或者更短的时间，转发方便，人们看屏幕时压力也不大。内容要让小白看得懂，老人也看得懂，考虑到阅读者的方方面面，切忌长篇大论，毫无重点，一定要言简意赅，每个字、每个标点符号、每句话都能使阅读者看明白、看清晰、抓住重点。

2. 好的审美就是流量密码

好的审美就是一家公司的流量密码，拥有审美才能更容易获得关注和点击率。颜值即正义。

在传播者发声的过程中，每一个传播者最关注的是别人怎么看我传播的内容，传播频率怎样，传播的图片好不好看，传播的过程会不会让人不舒服，他们在背后会如何议论我。这些都是传播者的心理变化，现在人们会通过社交媒体去初步判断一个人，传播者的传播素材就成了变相定义传播者的载体。

素材工厂的建立离不开拥有高级审美能力的设计师、剪辑师、文案编辑、图文排版等幕后的工作人员，搭建这样一支高水平的视觉团队，他们能敏锐地结合市场大众的反应，及时调整素材工厂内容的输出方案，这并不是一件简单的事情，只有拥有极强共情能力的团队才能生产出超出大众审美预期的内容。

有时候我们看到一张简单又好看的图片，殊不知是其背后的团队调整了多次方案才输出给大众进行传播的。在传播的过程中，文案越直白易懂、简单明了，越容易破圈，它不需要向不同社会层级、不同阅历背景的人进行过多的解释。

3. 换位思考多种角色需求

换位思考多种角色需求，以满足不同人群的期待。

负责策划素材工厂内容的人，一定要懂得切换不同视角、不同阅读场景，素材工厂中的每项内容都要激活一群人。他们同时考虑分享者和阅读者之间的关系，比如，带有极强烈情绪感染的表达，就不适用于官方措辞；而有些内容需要强烈的情绪感染以引起阅读者的共鸣，这时候就需要调整方式。

以下两段文案表达的是同一个意思，但不同的语气表达出来的内容，给读者的感觉是不一样的。

文案1:

“这款产品是我用过的最好的美容仪器，它不仅具有抗衰老的功能，同时还具有美白保湿的功效，导入美容液，使用美容仪器按摩10分钟后，你就会感觉皮肤焕然一新。”

文案2:

“姐妹们给我冲！这款美容仪器必须人手一台，真的太好用了！晚上8点有个约会，下午6点应急用了下，没想到带妆一晚上，脸不干也不掉妆，保湿效果超好，所以还没入手的姐妹赶紧入，我已经入手了！”

以上两个文案都是讲一款美容仪器的功效，前者的代入感就没有后者的强，因为前者更像销售人员推销的话术，后者却像闺蜜给自己推荐一款自己用得非常不错的美容仪器。同样，如果是向男性市场推销产品那么切入点就一定不是使用，而是送礼，尤其是送给女性。

文案中必须有场景，让人读起来要像你对着他说话一样自然，自然的程度要达到脱口而出。如果看到这段文案，脑海里会想象到对方的神情和情绪，那么这个文案就成功了，分享者就有可能会一键转发至朋友圈。

对于一些官方介绍的素材内容，就需要措辞严谨，考虑阅读者对企业的第一印象。我们已经到了隔着屏幕就能快速了解事情全貌的时代了，如果我们做企业的人还没有学会通过社交媒体网络展示自己的企业全貌，那么我们的企业必将逐渐被消费者遗忘。素材工厂最大的作用就是帮助企业以最低的成本、最高效的方式去展示企业、产品、项目等。

4.生产内容和二次加工内容

对于一个企业来说，传播最快的消息有两种：小故事和大事故。小故事就是一个企业、项目、产品发生的小事情，有点八卦的味道；大事故顾名思义就是在企业发展过程中发生的事故，有可能是丑闻。这两个方向的素材都会引起阅读者的好奇，作为企业经营者肯定不希望“大事故”引起阅读者的关注，那么要做好小故事传播，以及使这些一点一滴的小故事在市场上流传开来，非常考验文案编辑与图文策划的功力。

文案编辑或图文策划只要挖掘到足够多的小故事，那么一个活灵活现、有血有肉的人物就会逐渐在朋友圈中显现出来，也会获得更多潜水者的关注和跟随。哪怕只是一件小事情，写的角度也可以非常多，从不同的视角诠释一件事情，这本身就非常考验文案、视觉、图文输出的运营者，一个巧妙的切入点一定既能满足大众的好奇心，又能使分享者觉得分享出去的内容让自己有面子。生产内容和二次加工内容的过程能使一件事情有数十种完全不一样的表达方式。

5. 促进各大群体对企业了解的同频

素材工厂的同步，可以更好地促进各大群体对企业了解的同频。

我们企业官宣新项目、新产品的时候，发一次朋友圈远远不能够影响和覆盖所有朋友圈好友，要持续有效地分享很多件小故事来造势，像浪潮一波又一波地推广、宣传出去，持续建立大众对新事物的共识，使越来越多的人在同一个频道，这就是建立素材工厂的目的。

很多传统的企业发展了十几年，积累了非常多的客户和渠道，但是每当官宣分享新产品或者新项目的时候，总要到处找新客户，全然忘记了自己原有的客户群体和渠道代理商、经销商等的存在。有的企业知道这些人的存在，但不知道如何调动他们，这里的关键就是信息不同步，做不到同频，不了解彼此发展情况，渐行渐远，彼此成了陌生的熟人。

搭建素材工厂的步骤

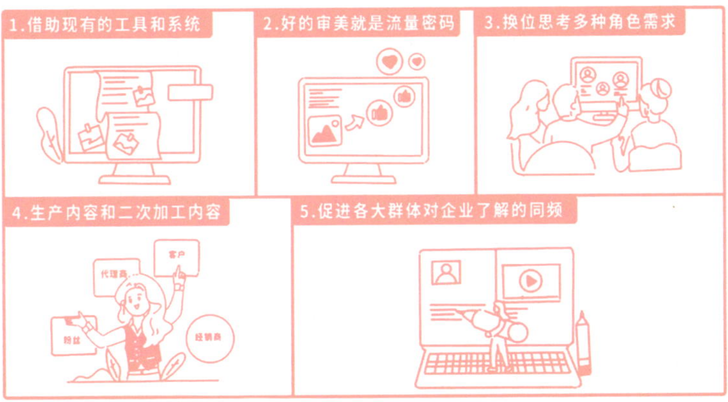

素材工厂还有一个非常大的作用就是实现对不同群体的信息同步，扎扎实实地做好社群沟通，使企业发展过程中的小故事、小案例、新闻动态都能渗透到每个社群中。素材工厂每日的内容更新是公司最新动态的集中地，如同企业官网一般的存在，它的功能不只是转发个网址链接，点开素材工厂的内容就能一键复制至自己的社交媒体，让其他人看到自己正在关注的事情，目光所及之处皆为可以分享的内容，分享经济也因此而来。

建立一个素材工厂，一定要讲清楚每一个小故事。要把一个小故事的影响力放大十倍，而不是单纯地去讲一件大事情。应该将每一件大事情都拆解为一个个小故事，并持续分享这一个个小故事以达成大共识。

第29讲
企业数字化社群团队的共生、共创、共荣

真正聪明的职场人，无论选择加入哪家公司，哪怕这家公司在媒体上、网络上的评价是空白的，他都能从同事嘴里打听到这家公司的福利待遇、管理水平，以及业务发展情况，这些比在网络上、媒体上看到的新闻稿要真实一百倍。

一、会借势的职场人，才是真正的高手

我们经常在朋友圈、微博、抖音上分享自己的工作情况，通过这些内容的分享，建立自己和所在企业之间非常友好的关系，自己为企业的发展做出贡献，个人的薪资待遇上涨，并借着企业的势头增加个人品牌价值。

真正的职场高手善于让其他人知道自己的价值，尤其是其他同事、领导、企业主对自己的好评。这些具体的评价及其来龙去脉都梳理得非常清晰，使听者不得不竖起大拇指，心中求贤若渴："我怎样才能像你的老板一样拥有你呢？能不能挖得动你呢？挖不动有什么办法培养一位像你这样的员工呢？能不能请你去我们公司给员工做个分享呢？"

在职场上，会借势的职员才是真正的高手，他懂得使用企业和领导为自己的职业生涯铺路。这样的职员既可以为企业创造价值，又能借助企业建立自己的个人品牌，获得越来越多的工作机会和升职加薪的可能性。一举多得的社群沟通方式不仅使自己成为被人羡慕的对象，成为老板的心腹，还是猎头眼里的高等人才、香饽饽。善用社群沟通，可以完成自己的职场升迁。

二、会造势做局的企业主，既是真正的高人，也是职员的贵人

职员使用社群沟通，完成职场身价的升级。老板通过社群夸赞职员，赞美合作方和每一位共事过的同事，使每个接触过自己的人都能从你的口里听到别人的好话和好消息。

老板对员工的尊重和赞赏是双向的。轻视甚至鄙视员工或合作伙伴不仅有损老板自身的形象，还可能对企业的品牌形象造成负面影响。反之，如果老板能细心发掘并公开赞扬员工的优点和细节，这会增强员工的工作积极性和团队凝聚力，同时也能向外界展示企业的良好形象。员工不是机器，他们需要关心和鼓励。一位对员工真诚、善待员工的老板，会得到员工的尊重和信任，这对企业的稳定和发展至关重要。

为了更好地展示企业的形象和实力，我会定期参加各类商务活动和社交场合。在这些场合，我总会带上近期表现优秀的同事一同参加，这不仅能让团队看到希望和信心，还能向外界展示企业的实力和团队素质。此外，我也会在与潜在合作伙伴的交流中，借助各种细节展现团队的专业素养和对企业的忠诚与尊重。这些信息传递给合作伙伴后，他们能更放心地与我们合作，同时提升企业的品牌影响力。

一个优秀的企业主应该懂得如何借助对外社交活动，建立起值得信赖的个人形象和公司品牌形象。拥有一支优秀的团队，能证明一家企业的实力和经营状况。选择优秀的人才，是每位企业经营者都乐意做出的选择。作为老板，我们应该懂得如何更好地与员工相处，如何更好地展示企业的形象和实力，以及如何通过优秀的团队来证明企业的经营状况。

无论企业主还是员工，都无法阻止世界的变化。企业核心员工的个人品牌未来必定会成为一家企业品牌资产的一部分，这是所有企业主都必须思考的事情。企业如何做到既释放员工的天性，又不会在最坏结果出现的时候被伤害呢？这需要企业主未雨绸缪地做好个人品牌与企业品牌的规划。当企业与员工的个人品牌共同成长的时候，企业的凝聚力也会更加强大。新进入企业的人会看到企业培养员工的希望，更加投入地为企业创造更大的价值，他们相信企业不会辜负付出型、有价值、有创造力的员工。这样会使企业比同品类型的企业团队凝聚力更强。这样做能促使整个商业环境进行改善，以前一些企业主把廉价人力当作生产线的机器，没有人情味，员工因认知水平和能力不足，也无法和企

数字化使企业与员工彼此成就

业抗衡，有许多无法诉说的委屈。企业在发展过程中，无暇顾及底层员工的发声，一味地高歌猛进，这给企业文化的建设带来了伤害，员工的能力跟不上企业的发展速度，支撑不起企业的高速发展，无法满足市场的新需求。企业的管理成本加大，员工在自保饭碗中工作，无法投入创新和积极思维，导致企业在高速发展后面临着断崖式下跌，如果员工能与企业一起成长、共进退的话，他们会把企业当成自己的事业，企业与员工形成了命运共同体，每一个人都知道如何更好地做事，推动企业的发展，员工有影响力，也更有能力了，他们会更好地推动企业到下一个高峰。

三、社群对企业运营的影响

社群不仅对企业与员工的关系有很大的影响，还对企业的运营有极大的影响，具体有以下几个方面。

1.品牌与口碑建设

社群是企业与用户之间建立联系和互动的重要渠道，通过积极参与社群互动，企业可以与用户建立更深入的关系，并借助

社群对企业的影响

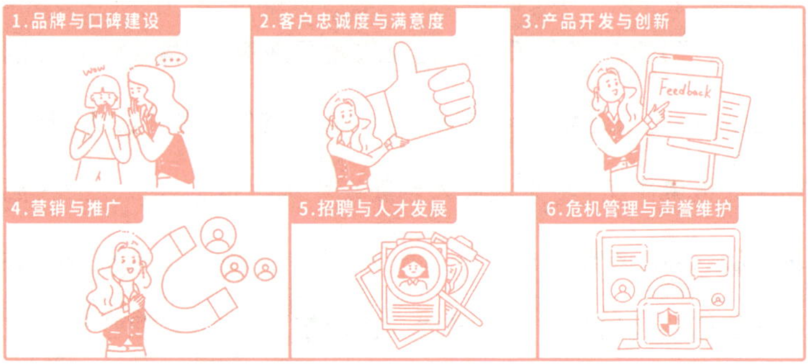

用户进行口碑推广，增强品牌影响力，同时还能通过社群获取市场反馈。

2.客户忠诚度与满意度

社群能够帮助企业与用户建立更持久的关系，提高用户的忠诚度和满意度。在社群中，企业可以与用户进行交流、解决问题、提供支持，进一步提升用户体验，增强用户黏性。

3.产品开发与创新

社群成员的反馈和需求可以为企业的产品开发和创新提供重

要的参考。通过参与社群互动，企业可以获取用户对产品的意见、建议和需求，不断改进和创新产品，提供更加符合市场需求的解决方案。

4. 营销与推广

社群是企业进行营销和推广的重要平台。通过社群，企业可以与潜在用户进行互动、传递信息、分享内容，有效地提高品牌知名度、产品销售和市场份额，还能通过社群收集用户反馈和市场信息，对产品规划和开发策略进行调整和改进。

5. 招聘与人才发展

社群可以成为企业吸引和招聘人才的宝贵资源。社群成员通常具备丰富的专业知识和经验，他们可以为企业提供有关特定领域的信息和建议，帮助企业找到最合适的人才。社群也为企业提供了一个展示自身文化和价值观的平台，吸引那些与公司产生共鸣的人才。

6.危机管理与声誉维护

在遭遇危机事件时，企业与社群的关系变得尤为关键。通过及时与社群进行沟通并做出回应，企业可以更有效地管理危机，并保护自身的声誉。

总的来说，社群对企业的影响广泛而深远，涵盖了品牌建设、用户关系、产品创新、营销推广、人才招聘与发展和危机管理等多个方面。企业积极参与社群，与社群成员建立良好的互动关系，将有助于实现更好的业务成果和持续发展。

第30讲
AI赋能社群，智能化运营

刷屏全网、街谈巷议的智能内容生产（AIGC）、ChatGPT、AI绘画、数字人直播等，一次又一次地刷新人们对AI应用的认知。关于AI与社群的关系，微软创始人比尔·盖茨曾在一次公开演讲中说："AI是一个让社群更加智能、有创造力的工具，有助于提升社群的效率和创新能力。"

几乎每家公司或每个组织都会搭建社群体系，用于内部人员和外部客户关系的维护与管理。AI与社群之间有哪些关系？在这个时代我们该如何学习、使用、驯化AI，为社群的组织管理插上一对腾飞的翅膀呢？

经过长达一年的思考与探索，我们请教了众多高校、互联网科技公司的专家，推出了一款AI与社群应用相结合的课程——“人人都能学会的AI应用课”。

这门课程主要分为三部分内容。第一部分内容围绕“AI未来十年红利，如何用AI开启超级商业个体”，提升AI的思维认知；第二部分内容围绕“如何开启与AI对话，让AI成为你高效运用的外挂大脑”等，解读AI的底层原理；第三部分内容是工具实战篇，会为大家提供如何搞定标题、朋友圈、长篇文章、论文、PPT、短视频制作等内容。这是一套培养用户深层次“元能力”，由浅入深的AI实战运用课。

一、AI为社群运营提供强有力的内容支撑

AI可以生成文本、图像、音频、视频及多模态内容，多模态是将前四种内容生成模式组合搭配，进行模态间的生成转换。输入一个问题指令，几秒钟就可以为你生成标题、观点、大段的文章；用AI生成的文字，还可以输入其他软件，再生成图像、视频，而这些内容的制作水平堪比专业的平面设计师和视频剪辑师。

社群是一个不断需要更新内容的场域，公布各类群公告信息，

对社群成员的问题进行即时回复，输出PPT、图片、视频。借助AI，帮助我们查阅和生成参考资料，高效便捷。

社群成员提交作业，进行内容的分享、PPT的展示等，都可以使用AI，我们的目的是顺畅地沟通和交流，AI可以成为我们得力的辅助办公工具。

通过自然语言处理和生成技术，AI根据特定的主题或关键词生成高质量的文章、报告、教程等内容，为社群提供丰富的信息资源。

例如，根据社群成员的兴趣、行为和偏好，利用机器学习算法进行个性化的内容推荐，向他们推送相关的或有价值的内容，提高用户的体验感和参与度。AI还能处理大规模的数据，利用深度学习和数据挖掘技术，分析社群内的数据和趋势，提供洞察和见解，帮助社群运营者制定更有效的策略和决策。

AI不仅能对信息进行数据分析，还能深入语义，理解和分析社群成员的言论和情绪，识别关键词、情感和态度，帮助社群运营者更好地了解用户需求和反馈，进行有针对性的改进和支持。

AI还可以辅助社群运营者进行社交媒体平台的管理，自动化发布和调度内容，监测社群的声誉和品牌形象，并进行智能互动和客户服务；在社群中自动筛选和审核用户生成的内容，过滤垃圾信息和不当内容，维护社群的秩序和品质。

二、AI有效促进社群成员的互动与合作

即时响应和陪伴是运营好一个社群的重要组成部分，更是促进社群成员之间合作的关键。在快节奏和繁忙的现代生活中，社群为人们提供了一个相互交流、分享经验、寻求支持的温暖和安全的空间。

社群的互动是通过社群成员之间的讨论、评论、点赞等方式实现的。在这里，你可以遇到志同道合的朋友，共同探讨感兴趣的话题，分享自己的见解和经验。社群成员之间的互动不仅给彼此带来了欢乐和启发，也激发了他们的创造力和思考力。大家相互鼓励、支持和理解，使大家有勇气和动力去追求自己的目标和梦想。

社群的陪伴给社群成员带来归属感和依靠感。在社群中，你

会发现有一群人与你志同道合，真正理解你的兴趣、挑战和所思所想。他们愿意倾听你的心声，回应你的问题，并为你提供支持和帮助。社群成员之间的陪伴不仅局限于虚拟世界，还可以转化为真实的友谊和合作关系。

AI可以在社交媒体平台上辅助社群运营者进行互动和合作的管理。例如，自动化回复和客户服务，及时响应社群成员的问题和需求，促进更好的沟通和协作。

借助AI提供的语音识别和翻译功能，与社群中不同语言背景的成员进行交流；通过智能算法和数据分析，自动协调和匹配社群成员之间的需求和资源，如利用AI匹配项目合作伙伴、寻找专业知识、提供信息协调等，使社群成员更容易找到合适的合作伙伴，并顺利展开合作。

三、社群借助AI提供智能化的协作功能

AI可以嵌入协同工具和平台中，提供智能化的协作功能。例如，通过AI驱动的项目管理工具或团队协作平台，可以自动分配任务、跟踪进展、提供协作建议等，帮助社群成员高效地协同

工作。

提供智能化的文档管理和版本控制功能。它可以自动跟踪和管理文档的更新和编辑历史，并提供协同编辑和评论功能，让团队成员更方便地共同编辑和审查文档，减少冲突和重复性的工作。

智能推荐与建议。分析团队成员的行为、偏好和工作模式，提供智能推荐和建议。例如，当一位社群成员需要某种资源或解决方案时，AI 可以根据过去的行为和需求，推荐相关资源或合作伙伴，促进更高效的协作与创新。

进展跟踪和提醒。帮助团队成员跟踪项目的进展，提供实时更新和提醒。它可以自动检测任务状态、工作时间表或里程碑事件的变化，并向相关成员发送通知，确保团队始终保持在正确的轨道上。

进行数据分析与洞察。AI 可以分析团队的协作数据，如工作量、沟通频率、冲突点等，提供洞察和建议。通过对数据的深入分析，团队可以了解协作过程中的优势和改进的领域，以优化协作流程。

四、AI正在颠覆群体的情感表达方式

无论采用什么样的技术，每个人对于社交的底层需求是不会变的——解决陪伴、情感表达上的需求。

AI的技术核心在于模拟人类的情感表达。人类在进行语言互动时，会通过音调、语速、语气等多种方式来表达情感，如高兴、悲伤、惊讶等。AI就是从大量的语音数据中，学习并提取这些情感特征，并将其应用于语音合成中。

具体来说，AI能够通过深度学习算法学习大量的语音数据，并通过语音信号处理技术分析和提取声音的特征。在这个过程中，AI可以分辨不同人说话的声音特征，如音调高低、语速快慢、语气轻重等，再通过自然语言处理技术来理解语言的语义和情感，并将其转化为声音输出。

AI可以实现高度自然的语音合成，并被广泛应用在视频配音、机器人交互、语音助手等领域。AIGC技术还可以用来开发智能客服等服务，为用户提供更加个性化、人性化的服务体验。

AI与人是一种配合的关系，早期的AI可能是驾驶助理，慢慢地变成副驾驶，再逐渐实现自动驾驶。在社交领域它同样如此，它可能先成为一个特定玩家的助理，再逐渐成为特定玩家的一个分身，去完成更多的社交触达、游戏任务、真人互动等，虚拟人也可能有其独立的人格，和真实用户之间有更多的互动和陪伴。

现实中不是每个人都能遇到为其无条件付出的朋友，但虚拟人可以使每个人都拥有同样的幸运。诸如此类情感上的弥补使人感到有时与AI社交更加轻松，不像和真人社交那么累。

我们已经看到真人和虚拟人之间产生友谊、爱情的现象，虽然这可能会引发人类伦理的挑战，但事实证明，在科技更新如此之快的时代，这种情况是不可能被阻挡的。在人文层面，AI技术的迭代越来越接近人类思维，它正改变着人与人、与自然、与自己的关系。

AI使未来的一切都变得魔幻但又真实。数字人直播带货、直播间互动非常智能，几乎很难辨识是数字人还是真人。在评论区提问，数字人主播能快速识别并做出回应。如果有新人进入直播间，它也会说一些活跃直播间氛围的话，而且互动节奏也很有分寸，对有些问题它会立即停下来回复你，对有些问题它会等你把这段播完再回复你，甚至比真人主播还专业。

对于直播带货，AI生成的话术脚本，只需要输入产品名称，描述卖点、选择对应的语言，就能自动生成产品介绍、互动和逼单；数字人还可以依据自研的大模型，去学习过去真人直播的脚本，更灵活地回复评论区的问题，如果用户提到的问题是脚本之外的，运营人员也可以立即上传补充信息，让数字人主播即时回复疑问，或者有人问到的商品没有在讲解，那你也可以随时点播对应的商品，让数字人去讲解，当然也可以用“元接管”模式，让真人立即接管直播间，在后台回答直播间问题，数字人就能实时对上口型。这对于正处于直播风口期的主播来说就是福音。学习运用AI技术，并将此技术在社群的范围内裂变，必将是一个机遇窗口期。

AI与社群

复盘时刻

1. 人群是推动一切胜负、荣衰的力量，没有人群，就构不成线下社群生态，没有交易，就没有生产，没有生产就意味着许多人要失业，经济和金融体系就会崩塌。

2. 懂得运营社群，以及懂得使用数字化工具的复合型人才，是未来最值钱的人才。因为无边界调动人力资源，且知道如何协同各方信息做到目标一致，除了需要极强的协作能力，还需要凝聚社群成员成为意见领袖。

3. 人们在社群里寻找情感和情绪的承接者，渴望通过认识新的人群来治愈自己的迷茫，缓解工作上的压力及各种紧张的关系。

4. 人机协作通过将人类智慧与机器效率相结合，实现了社群运营的高效与精准。人类负责情感交流、策略制定与创意内容创作，而机器则擅长处理海量数据、自动化操作与个性化推荐。两者相辅相成，共同打造了一个充满活力与个性化的社群生态。

5. 企业要想转型做好数字化营销，就必须做好素材工厂的建设，降低用户解释成本，实现隔着屏幕也能帮助代理商、经销商、合作方推荐、种草企业或产品，企业业绩就会呈指数级增长。

6. 一个优秀的企业主应该懂得如何借助对外社交活动，建立起值得信赖的个人形象和公司品牌形象。

7. AI 是一个让社群更加智能、有创造力的工具，有助于提升社群的效率和创新能力。

8. AI 可以嵌入协同工具和平台中，提供智能化的协作功能。

9. AI 使未来的一切都变得魔幻但又真实

10. 无论采用什么样的技术，每个人对于社交的底层需求是不会变的——解决陪伴、情感表达上的需求。

后记
写给读者朋友的话

您好，未曾谋面的读者朋友。之所以称您为朋友，是因为从您打开本书进行阅读的那一刻开始，我相信我们在某一刻会同频共振，希望这本书中的一些观点和内容对您有所启发，哪怕是一句话能对您有启发，那都是我的荣幸。

随着您读完《小群大势》这本书的最后一页，我们的故事也暂时画上了一个省略号。这不是结束，而是另一段旅程的开始。在这个时刻，我的心中充满了难以言喻的感激与温暖，这份情感就像是在开头说的："社群虽小，却能汇聚成推动世界前进的大势。"对于这本书而言，您的阅读和分享正是推动这本书走进更多人视线的力量，我感恩您的发现，让我们在这本书中相遇。

在此，我要特别向我的出版编辑团队李影、张振宇、杨雅琳，致以最深的敬意和感激。是你们，用专业的眼光和严谨的态度，为我精心雕琢了这本书的每一个细节。从最初的选题策划，到内容的反复推敲，再到最终的排版设计，每一个环节都凝聚着你们的心血与智慧。你们的耐心指导、细致打磨，让这本书从粗糙的初稿逐渐蜕变成为一本易读、易懂、实用的社群运营指南。我深知，没有你们的辛勤付出，就没有《小群大势》的顺利问世。在此，我要对你们说一声：谢谢！你们是我写作道路上最坚实的后盾。

同时，我也要特别感谢为这本书撰写推荐序的各位前辈、朋友。你们的推荐如此难能可贵，一字千金，是你们为这本书增添了无限光彩。你们的肯定与鼓励，不仅是对我个人努力的认可，更是对这本书所传递的社群价值与理念的认同。于斌老师的推荐序，让我深感荣幸与激动，作为我的投资人，您的每一句话都充满了对我的鼓励与期待，让我更加坚定了继续前行的信心。恒洋老师的深情寄语，让我感受到了深厚的友情与支持，您是我的合伙人，更是我的人生导师，有您的指引让我无论在写作，还是在工作上都得以全身心的投入。王贤福先生的精彩点评，更是让我看到了自己在社群运营领域的成长与蜕变，身为合作伙伴的您，总是给我足够的空间让我大胆发挥。

在此，我要向你们表达我最真挚的谢意！感谢你们的支持与厚爱！我深知自己还是正在成长中的年轻人，有许多的不足和欠缺，你们对我的扶持与包容，让我在探索更好的自己的路上，有了更多的底气和动力。

在写作这本书的过程中，我还要特别感谢默默付出的出版经纪人燕恬和编辑助理宸鸣、阳阳、荫荫。是你们在前期的鼓励和看见，激发了我更好地投入创作。每一个深夜的陪伴、每一次细致入微的帮助、每一个关键时刻的支持与鼓励，都让我感受到了团队的力量与温暖。没有你们对我的看见和理解，我不可能如此顺利地完成这本书的写作。请接受我最诚挚的感谢！你们是我成功路上的重要伙伴！

回顾这本书的写作历程，我感慨万分。3 年创作的时间，从最初的灵感闪现到最终的书稿完成，我经历了无数个日夜的思考与努力，内容修改不下 20 稿，力求真实、真诚、真心表达，把我知道的都分享出来，不故作玄虚也不卖弄知识，真真切切希望阅读这本书的人有所思考、有所行动。

在写作这本书的过程中，我希望通过我的笔触将社群运营的智慧与经验毫无保留地分享给读者朋友们。我相信只有真诚与尊重才能赢得读者的信任与共鸣。所以，我在书中尽可能还原社群的每一个细节与场景，力求让读者朋友能够身临其境感受社群的魅力与价值。同时我也希望通过这本书能够激发更多人对社群的兴趣与思考，共同探索社群的无限可能。

社群不仅仅是一个简单的交流平台，更是一个充满活力与创造力的生态系统。在这个生态系统中，每一个成员都是不可或缺的一部分。他们通过相互支持与合作共同推动着社群的发展与进步。因此，我认为经营好一个社群需要用心去感受每一个成员的需求与期待，用心去倾听他们的声音与故事，只有这样我们才能真正打造一个充满活力与凝聚力的社群，让每一个成员都能够在其中找到归属感与价值感。

最后，我仍然想要感谢每一位阅读这本书的读者朋友。是你们的关注与支持让我有了持续创作的动力与勇气。我知道这本书还有许多不足之处需要改进和完善，我相信在你们的陪伴下我会不断进步、不断成长。我期待在未来的日子里能够与你们一起探索更多关于社群、关于社交、关于成长的奥秘与可能。希望我们都能找对小群，找到属于我们自己的大势，共同打造一个和谐美好的社群生态系统。

愿《小群大势》这本书能够成为一座桥梁拉近我们的距离，愿社群的力量能够汇聚成推动世界前进的大势，愿我们每一个人都能勇往直前，实现自己的梦想！

魏　琪

2024 年 7 月 17 日　星期三